我与二百年老店

张元善 ◎ 著

中国商业出版社

图书在版编目（CIP）数据

我与二百年老店 / 张元善著. —北京：中国商业出版社，2011.10
ISBN 978-7-5044-7437-7

Ⅰ.①我… Ⅱ.①张… Ⅲ.①餐馆-介绍-北京市 Ⅳ.① F719.3

中国版本图书馆 CIP 数据核字（2011）第 196386 号

责任编辑：刘毕林

中国商业出版社出版发行
010-63180647　www.c-cbook.com
（北京广安门内报国寺1号　邮编：100053）
新华书店总店北京发行所经销
北京燕龙印刷有限责任公司印刷

*

710×1000毫米　16开　13印张　彩插1印张　126千字
2011年10月第1版　2011年10月第1次印刷
定价：39.80元

* * *

（如有印装质量问题可更换）
版权所有　翻印必究

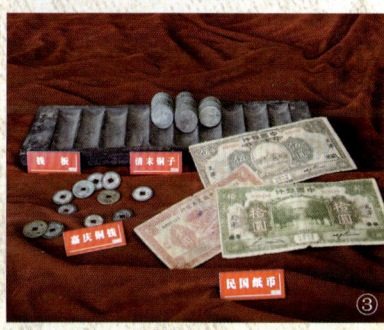

①②③ 收银系统：钱板、算盘，清中期的铜钱，清末的铜子和民国的纸币
④ 清末的印泥盒、铜墨盒及民国的水盂等
⑤ 清末时老辈厨师使用的《随息居饮食谱》

① 民国11年出版的美味烹饪秘诀《食谱大全》，曾伴随多代厨师
② 民国时期的致美斋菜谱
③ 清末的托盘和民国时期的掸子、拂尘
④ 迎婚大吉，旧时饭庄在接待婚宴时，用这个模具将四个字印在红纸上，挂在或贴在路两边，一是张扬喜气，二是对前来贺喜的客人起到引导的作用
⑤ 福、寿、囍木章为清末老章，用来给客人开菜单时盖上，以示宴席种类
⑥ 民国时期可以划洋火的烟灰缸

① 清中期为官员们办喜宴时制作糕点的福寿康宁模具
② 旧时过春节时百姓使用的"寿星"、"财神"点心模具
③ 我国解放前后，北方餐饮业使用多年的"提浆"月饼模子
④⑤⑥ 民国时期使用的福禄寿喜月饼模具和属相、豆包及小点心的模具
⑦ 清末民国时期餐馆里称高档原材料用过的秤及量具小木升
⑧ 竹板小擦床，是旧时厨师擦丝装盘常用的工具，两个酒提为饭馆卖散酒时所用
⑨ 民国时期装散酒的酒坛子

齐美敏

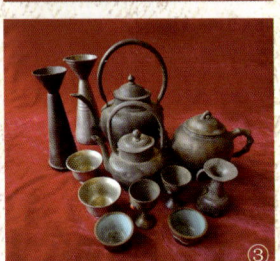

① 民国时期，烧烟煤抽风灶边用的汤锅
② 清末乌木筷子、银筷子，铜、银勺、银酒杯、珐琅质酒杯及调料盘
③ 清中期到民国时用过的铜酒壶、锡酒壶、锡烫酒壶
④ 历代厨师用过的铜勺、铜笊篱等
⑤ 清末民国时期的酒杯、烫酒壶等
⑥ 清中期到末期的瓷片
⑦ 民国时期的瓷片

① 清末民国时期的茶壶、调味瓶、调味碟、牙签筒
② 清代酒楼用景泰蓝酒杯、铜酒杯、银木筷、调味碟、铜勺
③④ 清代茶壶、陶罐
⑤ 作者多年的部分餐饮方面藏书
⑥ 致美斋饭庄藏品展柜

①② 银锭模子
③④ 民国时期的老菜谱与老餐具
⑤ 清末木质托盘

① 与老师李正权在一起
② 作者荣获"为人师表奖"
③ 致美斋旧址老照片
④ 致美斋外景
⑤⑥⑦ 致美斋内景

芸豆卷

萝卜丝饼

雪花龙须面

面点寿桃

香酥鸭方

面点

樱桃酥

杠头

拔丝丸子

豌豆黄

芥末菜墩

焦熘丸子

九转大肠

皮冻豆酱

牛蹄筋

红烧海参

糖醋鱼

日本豆腐

四做鱼

糖醋鱼块

红烧鲫鱼

炸烹虾球

海参豆皮

焦熘肉片

齐美敬

响油鳝糊

芫爆肉丝

齐美敏

木须肉

清炒虾仁

烤蘑菇串

寿

烤鸭

齐美致

序一

中国的老字号蕴含着丰富的商业元素和文化内涵，在上百年的发展历程中，经历了无数磨难，禁住了历史的考验。它们的成与败，兴与衰，经营之道，传承转折，乃至与时局，与政治、经济、社会风俗等各个方面的关系，都值得我们品味琢磨。

我国的老字号，是指历史悠久、信誉好、产品质量优秀，拥有世代传承的产品、技艺或服务，在一定区域乃至全国有较大的影响力的优秀民族企业。老字号企业的经营智慧是其永继发展的金字招牌，例如老字号流传下来的"勤俭创业"、"顺时应变"、"不断改良"、"谋求恒远"、"诚信为本"、"顾客至上"、"保证质量"、"服务第一"等经营理念。这些经营之道也包含着做人处事的道理，商道人情往往合而为一。

大道至简。其实，老字号的经营智慧都很简单，也很实际。正因为他们能够持之以恒，坚持百年而不变，因此赢得了信誉。

老字号还有一个显著的特点是文化底蕴深厚,这也成为吸引顾客的一个重要原因。每当漫步于老字号商铺门前,门楣上那一方方各具风采、古色古香的精美牌匾,时常让我流连忘返。这些牌匾多由名人、书法家题写,"金字牌匾"的含金量往往与商业老字号相得益彰。它们既是美妙绝伦的书法作品,更是展示老字号商业文化的标志性符号。

北京翔达投资管理有限公司旗下的老字号餐饮企业——致美斋饭庄始建于明崇祯十七年,最早是一家经营姑苏风味的点心铺,以萝卜丝饼、焖炉火烧和双馅馄饨出名。嘉庆十三年(1808年)在北京前门外煤市街建店,由于清乾隆皇帝御膳房大厨师景启的加入,致美斋的菜点有了飞跃性的提高,后因"集南北烹调之表、汇御膳民食之粹"而享誉京城。清末民初,山东人李氏、张氏、杨氏盘下了致美斋,山东风味逐渐被顾客认可。光绪二十八年,致美斋再次扩大,增设了分店,又有了一座三层楼,匾额由清末书法家王序题写。民国时,致美斋达到鼎盛时期,由山东人王东南出任经理,店铺员工达到100多人,后逐渐形成独具特色的京味菜肴。

北京翔达投资管理有限公司长期致力于保护和发扬老字号传统文化。2004年,公司在人力、物力上加大投入,致美斋饭庄得以在西城区(原宣武区)白广路重新复业,匾牌由当代著名书法家启功先生题写。公司特别聘请张元善先生主抓了开业前的各项筹备工作,并担任总经理。张先生请回了多位原致美斋的老技师担任技术指导,将传统菜肴与大众口味相结合,使得广大食客既可品尝到传

统菜点，又能享受现代餐饮氛围。如今致美斋饭庄已经成为该地区的老字号文化地标。

出身文物世家的张元善先生，经营致美斋饭庄前后已有十几个年头了。他为弘扬老字号餐饮文化不辞辛劳，做了大量有益的探索和实践。张先生不仅工作态度严谨，虚怀若谷，还善于学习，勤于钻研餐饮企业经营管理思想，在研究老字号餐饮企业发展规律上造诣很深，时有著作发表，见于报端。在他的悉心经营下，不但致美斋的传统菜点如四做鱼、糟熘鱼片、焦熘丸子、萝卜丝饼等得到了很好的传承，北京烤鸭、山东海参、九转大肠、焦熘肉片等菜点，也深受顾客欢迎。可以说致美斋饭庄在张先生的精心经营下，走上了一条继承与发扬的复兴之路。

尤为可贵的是，张先生非常重视对致美斋传统文化的挖掘和保护，多年间潜心收藏了为数众多的与致美斋历史相关的史料书籍和餐饮老物件，这些收藏品对于研究老字号餐饮文化具有极其重要的历史价值。同时它们作为致美斋老店文化的一部分已和这家老字号企业密不可分，张先生的此项工作为老字号餐饮企业开展文化创意经营也提供了有益的借鉴。

凝结了张先生十几年心血的著作《我与二百年老店》就要出版了，我由衷地为此感到高兴。此书展现了张元善先生进入餐饮业的成长历程，介绍了老店致美斋的由来及发展历史，阐述了张元善先生的收藏情结和经营理念。特别指出的是，历经十几年，张元善先生在查阅了大量相关史料的前提下，将历代致美斋菜品汇编整理，附于书后，更是难能可贵。此书必将成为研究百年老店致美斋历史的重要资料，同时对于老字号餐饮企业的经营也具有重要的参考价值。读者在品味致美斋百年魅力的同时，也可开启现代经营管理新思路。

北京翔达投资管理有限公司

董事长：

2011 年 8 月

序二

元于本 善于心

　　元善张兄是我的老师，也是我的老朋友，这位朋友在我"友人分类"中列在"业界"版块中。为什么讲他是我的老师呢？不光是因为兄长长我几岁，而是由于他的善学，习传，近人，稳重谦和的生活态度令我敬其为师长。为什么讲他是我的老朋友呢？那是因为相识近三十年啦。我们是在成人年龄段因工作而结识，一直将友谊保持至今，因时常牵挂而为友人。为友者讲情分，牵挂就说明够交情。我与元善兄平素并无来往，每一见而不见外，每一见增加一份情感。我因"在教"，平时不习惯"串门子"，但是元善私宅我是举步造访过的，为了登门求教。记得他的家在厂甸路东一条胡同内，路南一所"小四合"，那院子并不太讲究，因为东西厢房"吃了"正房，显得院落窄长而有些憋屈，不过小院被打理得明快利索，井井有条，已然透出主人家的殷实小康生活来。不知道南城改造有没有让"张宅"挪了窝，其实我心里还是对记忆犹新的兄家老宅充满怀旧情怀呀。

近闻元善兄动笔又写了一本书，不易呀。咱们干"勤行儿"的，有大量日常工作，劳心费神又搭时间，能抽空坐下来动动笔，那首先您得心静呀。一个做买卖的人能静心著书可谓之"爷"了。再说写书您肚子里得有点儿真玩意，平时要留心收集，不断归纳，梳理有序，而且成文在心呀。这本书涉及老店致美斋历年的经营管理之精华，不但使读者了解到老字号的历史变迁，而且讲述了致美斋在发展过程中沉淀下来的企业文化和管理理念。我对致美斋的了解还停留在刘叶秋先生在《致美斋话旧》中提到的那般情景，"肴馔精美，服务态度也非常友好，无论掌柜、伙友都很和气，总以笑面相迎，殷勤相待。"现如今致美斋怎样创新发展的，我也需要拜读吾兄作品后才可知其根本。

目前餐饮业已经成为拉动内需，扩大消费，提高人民群众生活质量和幸福指数的重要产业。我的老母亲今年九十多岁了，谈到外出吃饭话题，她老人家讲："过去都是有事办饭局，现在倒好，是因为没事而外出吃饭啦。"这句话说明人们对餐饮服务的新需求，新理解，这也是我们业界同仁要为社会发展做出新贡献的方向。

字不成文，恭敬在心。

为表达我的心意，上边这些话均是动笔手写的，而没有使用"智能输入法"，心里总觉得动手写的字更能表达自己的情感，老话儿讲"见字如见人"嘛。

中国烹饪协会副会长兼秘书长
乔奥援
2011 年 8 月 8 日

目录

第一部分
第一篇　我的父亲张彦生 2
第二篇　收藏缘由 7
第三篇　踏上餐饮之路 12

第二部分
第四篇　感谢恩师李正权 18
第五篇　烹饪杂谈 23

第三部分
第六篇　对老字号的基本认识 32
第七篇　致美斋的历史 40

目录

第八篇　老店之魂 46

第九篇　老店的继承和发展 52

第十篇　我的经营理念 61

致美斋风味菜菜谱

冷荤类 74

山珍海味类 85

鱼虾类 107

鸡鸭类 129

肉蛋类 143

素菜类 157

甜菜类 168

汤　类 177

面点类 183

后记 197

壹

第一部分

【第一篇】
我的父亲张彦生

我的父亲张彦生（1901—1982），字国材，河北省吴桥县人，自幼从事碑帖业。14岁时，只身来到北京琉璃厂隶古斋碑帖店当学徒。当时，隶古斋已经是一家有60多年历史的店铺，店的匾额由清末重臣、著名书法家祁隽藻题写。到了而立之年，父亲离开隶古斋，成为庆云堂的掌门人。庆云堂是一家始于清末、专门经营碑帖业务的店铺，最初的创建人是陕西一位杨姓掌柜。得益于父亲的专业知识以及辛勤管理经营，庆云堂后来成为琉璃厂有名的老字号，是古玩行里公认的最有影响的五家店铺之一。父亲也成为业内颇有影响的碑帖专家。

解放后公私合营，父亲担任过北京市文物商店碑帖、砚台、墨门市部业务主任和文物商店的采购部主任；还曾担任中国历史博物馆主任、国家文物事业管理局咨议委员会委员。早年在《文物》月刊上发表有《唐怀仁集王右军书圣教序拓本概述》、《唐柳公权书神策军纪功碑》、《唐欧阳询书九成宫醴泉铭碑拓本述略》等作品。从业60余载，父亲倾其全部精力和心血，收集研究整理古旧碑帖，"所见之善本碑帖多矣，稿渐盈箧，敝帚自珍，未忍散弃。"晚年"思往日所记，或可有助于研究历史考古，书法艺术以及碑帖版本者之参考"，遂著《善本碑帖录》，为祖国的传统文化事业做出了宝贵的贡献。所有这些，都令我们后人高山仰止，怀念不已。

我的父亲勤学苦记，好问不止。早年在隶古斋，便学会了拓、裱及收售碑帖等业务。学徒生活使他有机会接触到当时的一些碑帖鉴藏名家，如宝熙、梁启超、徐森玉、朱幼平、于右任、张伯英等。据我父亲回忆，那时"每见善本，必记其书刻，拓工，纸墨，装潢，流传诸项，时日既久，习以为常。"后来进一步便是"考证其新旧字之损泐，原本，翻本与伪刻之不同，拓工，纸墨，装潢之特征，遇有疑问，则请教于诸收藏名家，观其所藏，详加考校。"正是那段艰苦的学徒生涯，使我父亲有机会接触名家珍品，令其在鉴别碑帖真伪及碑帖的传世知识方面大有长进。1931年，父亲离开了隶古斋，那一年他整30岁，借用庆云堂自立门户，经营碑帖店，成为一方店主。那时条件相当艰苦，为了收购碑帖，他跑遍了天津、济南、曲阜、潍县、青岛、南京、扬州、重庆等多个地界，还包括西安、开封等古都，先后收进了北京端方，山东潍县陈簠斋，诸城王绪祖，聊城杨绍和、李国松、徐郙、蒯若木等人所藏的碑帖，同时结识了吴荫忱、陈文伯、柯昌泗、容庚、周季木、郭沫若、陈叔通等人，从而使我的父亲在碑帖方面的知识更显渊博了。

我家住在北京东琉璃厂的一座小四合院里，前面是父亲做生意的庆云堂碑帖店，后院便是我们兄弟姐妹和母亲的居室。对于父亲的一切记忆都是与这里分不开的。幼时印象中，父亲身材瘦长，待人态度总是很和蔼。记得我上小学时，店里生意已不太景气，一天到晚地忙碌，也赚不到多少钱，一家老小生活得并不宽裕。可是父亲总是笑容满面，每日在店里热情地接待顾客。而我呢，就常常伏在前堂的八仙桌上做功课。尽管店里生意不好，可他还总是想方设法周济来店里买帖的上进穷苦人。这样一来，家里的生活就更显拮据。那会儿我想买个足球，父亲答应说等把店里的碑帖卖出去一些，钱凑够了就给我买。后来我等了很久，父亲好不容易凑足了钱，才兑现了他的承诺。生意虽然清淡，可当时店里的外国主顾倒是不少，有些客人见我长得虎头虎脑觉得非常可爱，就主动提出要给我照张像，每当这时父亲都会慈祥地朝我点头笑笑，然后诚恳地向人家连声道谢。

　　由于父亲的谦逊好客，当时古玩、碑帖业的不少名人都成了庆云堂的常客，像马子云、徐振伯、李孟东等人都是我父亲的好友。他们这些"鸿儒"们坐在一起，谈笑风生，父亲更是一改平素研究碑帖时沉默寡言的样子，滔滔不绝，仿佛总有聊不完的话题。整个房间常常充满了笑语欢声，感觉那该是父亲最开怀放松的时刻。细细回想起来，他们那时谈论最多的话题还是有关收藏，诸如汉魏唐碑、宋拓、明拓、刻勒版、王羲之碑帖、欧阳询九成宫碑帖之类，我这个不入流的旁听者常常被他们的谈话内容弄得像雾里看花，不知所云。

　　对于碑帖的研究，我的父亲可谓倾其一生，痴迷无悔；对于庆云堂这家老店，更是费尽心血经营，乐在其中。可是，作为后人，我却认为他一生谦逊磊落、勤勉为善的品格，最可贵，也令我们最难忘。我的父亲已经离开我们三十年了，可下面这些故事，我们子女们都还清晰地记着。

　　大约是在1962年的一个午后，当时还没有成名的书法家刘炳森先生到庆云堂碑帖店来找父亲，说是想买一本碑帖临摹。那时候炳森先生刚从学校毕业，举家四口搬到北京来生活，月工资收入也只有43元，生活还是非常艰苦。但他酷爱书法，毅力惊人，坚持不懈地练字，白天在床板上练习，晚上便在上面铺上铺盖睡觉。据刘炳森先生后来讲，我父亲非常欣赏他勤奋上进，更同情他当时的生活处境，就执意只收取他一元钱，便将一本炳森先生觅寻许久的碑帖递到了这位刻苦的年轻人手上。炳森先生非常感动，日后还多次提及此事。

　　还有一次，一位歌剧院的朋友欣然前往我家，他拿出一个看起来非常老旧的扇面请我父亲为他鉴定。父亲接过扇面，带上老花镜，用小镊子在扇面上轻轻动了一下纸毛，便对持扇来的主人说"这把东西随便拿着赏玩吧，不错啊。"来人连连道谢，更甚是惊讶，对父亲的眼力啧啧称奇。从扇面主人的眼中我也读出了大家对父亲专业精神的崇敬，内心也不免为之自豪。

还有一件事情，后来还刊登在了《北京晚报》上。我父亲当时是北京文物商店的收购部主任，有一回用几元钱收了一位顾客的一颗翡翠帽簪。后来经过反复研究，发觉那颗簪子本是祖母绿翠的，于是又想尽办法主动联系到那位客人，给人家补了将近60元钱。客人被父亲的诚意所打动，执意要登门道谢，都被他婉言拒绝了。这件事情后来在文物商店的顾客中广为流传，对提高商店的声誉也有很大的帮助。

过去，文物商店里没有暖气设备，冬天都得靠生煤炉子取暖。父亲常常是早早地来到店里，亲自生炉子。有一次，一位文化名人到庆云堂挑选砚台，正碰上父亲在店内生炉子，顿时大发雷霆，呵斥营业员："你们年轻人都是干什么的，还让老专家给你们生火？"父亲连忙解释道："不是那么回事，不要怪孩子们，是我自己生要这么做的。"那时候父亲已经75岁了，早该膝下孙儿环绕，尽享天伦了。但父亲依然是几十年如一日，不分严寒酷暑，冬去春来，一心经营着，钻研着他用生命热爱的碑帖事业，身躯老矣，心似壮年。直至父亲1981年离开我们前夕，他还在编撰《善本碑帖录》的下半部分。

父亲曾是北京市宣武区政协委员，享受政府的高知待遇。当时他每年都受邀参加政协在人民大会堂举办的春节招待会。父亲虽然身为党外人士，却一心向党。听兄妹们讲，父亲在解放前就曾主动帮助地下党组织做过许多事情。解放后一读报纸才知道，那些当年经常光顾店里的客人如冀朝鼎先生等，原来都是共产党的领导人，全家人感到特别亲切和兴奋。

父亲生活作风低调朴素，性情淡然内敛，宠辱不惊。"文化大革命"时期，父亲遭受到的冲击很大，珍藏多年的喜爱文物和私人藏画，平时形影不离的工具书都毁于一旦。对此，父亲的内心也曾深深地伤痛过，但更多的还是付之一笑，坦然面对人生的宠辱与得失。父亲常和人家说："我很知足啊，我的六个孩子都挺好。"感谢父亲啊！诚然我们兄弟姐妹六人算不上取得了多么大的名望和成就，但也都勤勤恳恳，敬业奉献，在各自的岗位上也起到了一定的

第一篇 我的父亲张彦生

积极影响和表率作用。大哥张明善幼年受父亲影响,继承家学,也从事文博工作,是当代著名的拓碑专家和装裱古旧字画大师。曾将家藏最早期的唐欧阳询的《九成宫醴泉铭》的碑文无偿地捐献给国家。身为儿女们,我们六人勤勉不怠,丝毫不敢松懈,诚望藉此可以告慰父亲。

由于深受父亲的影响和启发,我也把"知足常乐"四个字挂在家中,希望可以如他那般超然——"不以物喜,不以己悲"。

【第二篇】

收藏缘由

  我收藏老餐饮物件起源于20多年前。这些年来不知有多少人都曾问过我：你买那些旧盘子、旧碗干什么？又不能用，那些老菜谱也都过时了，真是花钱买没用。每当这个时候，我总是笑着跟他们说："您可不知道，我见到这些东西要是不买回来，就跟丢了宝贝一样，心里亏得慌，睡不着觉。"提起收藏老餐饮物件的缘由，还得从一件令人难忘的事情说起。

  1992年我刚到致美斋饭庄当经理，正赶上店面房屋装修。一天在楼上整理库房时，我在门外渣土堆里意外发现一本被大雨浇透的旧书。拿到手里一看，原来是一本线装版、毛笔手写的账本，字迹非常俊秀，里面记载的全都是致美斋饭庄的事情。诸如从起源到民国后期期间，经过了多少任掌柜，由前任掌柜转到后任掌柜的费用以及饭庄何故转让，每一项内容都写得非常详尽。我一看真有点意思，于是就把这本厚厚的可以算作"账本"的书拿到电扇边上，轻轻翻开，一页一页地吹干。全部吹干用了近三天的时间。干透以后，就可以用手随意地翻看了。在最后面的扉页上，还贴有龙图案的印花，非常精美。记得当时来了一位市旅游局的领导，听我介绍了这本颇为神奇的"账本"后，执意要亲眼目睹一下。看后他说："这本东西和启功先生的书法'致美斋'三个字一样有价值，它记录了不同时期致美斋饭庄的兴衰及其原因，很有研究价值，要保存好！"当时我就想，这是企业的财富，我个人不能擅自保存。除了这本"账本"以外，还有许许多多可以反映餐饮业兴衰发展的老餐饮工具和物件，他们就像许多部无字书，都书写着祖国餐饮文化的发展进程。我收藏餐饮老物件的兴趣也由此而产生了。

由于生长在文物世家，受家庭和成长环境的影响，使我对各种文物从小就不感到陌生。父亲张彦生是碑帖鉴定专家，经营庆云堂碑帖店达60年之久，加之我家又住在北京琉璃厂文化街，对笔墨纸砚、书画古玩从小便耳闻目睹，倍感亲切。于我而言，究竟是从哪个准确的时间开始有意识地进行餐饮老物件收藏，如今记忆已经模糊了。但我清晰地记得最早的收藏品是三双铜筷子。它属于出土文物，大约是1000年前的金代老物件。由于筷子的品相一般，购买它们时只花了120元。之后自己又陆续收藏了一些其他老物件，收藏的兴趣也就越来越浓厚了。

对我从事收藏影响较大的人中，不得不提到京城古权专家郑海生先生。他原是一位北钢的普通工人，20多年前就开始玩钱币，兼收藏历代各种材质的权（秤砣）。郑先生收权付出的辛苦之大，让我很受启发，从中也悟出了很多收藏的道理。在日后多年的收藏过程中郑海生先生都给予了我很大的帮助。对于收藏要具备锲而不舍的精神，只要见到有用、喜欢的东西，就是省吃俭用，甚至东拼西凑借钱也要拿到手。更敬佩的是他为了收藏不辞辛苦，常常是为了找到一样想要的东西跑遍北京的旧货市场，并乐此不疲。郑先生经常会为了弄懂一件藏品的"身份"，坚持不懈地找多位前辈、专家请教，这些都让我在收藏餐饮老物件的过程中获益良多。

凭心而论，我收藏到的餐饮老物件至今也并不算很多，较之于收藏界珍奇浩渺的规模来说，只能算作小打小闹。诚然如此，这些东西的积攒也是一个艰苦而快乐的过程，由最初的偶而为之到心理负担，再到浓厚的兴趣，最后形成了个人的一种生活习惯。个中滋味，酸甜苦辣只有我自己心里最清楚。

前面讲了由于受家庭环境的影响和琉璃厂文化氛围的熏陶，我从小就有一种很自然的思想意识，感到很多历史老物件都是好东西，有价值，不能损坏，要好好保存。

1992年我在致美斋饭庄当餐饮经理后就产生了搞餐饮业老物件收藏的想法，并开始了初步的涉猎和尝试。开始的时候兴趣很浓，主要收藏了一些老餐具和模具。那时，我经常到市场上"寻宝"。由于我店离报国寺文化市场很近，取"地利"之便，我也就自然成了那里的常客。有时一天去两三趟。潘家园、大钟寺古玩市场有时我也去。有时候见到一件喜欢的物件就很想买回来，但一时又拿不准，不知道物件对还是不对，或看不准真实年限，于是就请来老师帮助鉴别真伪。老师当场还不能讲出来，回头把我带到僻静处才悄悄告诉我能不能买。如此积日累月，果然也就积攒下来几十件东西。到后来，收藏的兴趣越来越浓，胃口也随之变大，不再满足于现有的收藏档次和规模了，随之也确实感到一种经济和心理上的双重压力和负担。有时候看上的东西价格较贵，一时拿不准主意而犹豫不决，还有的时候想花钱又买不到想要的物件，想不断丰富藏品真的很难。更常常是，跑遍多个市场也找不到想买的物件，总嫌东西太少，碰不上合适的，有些东西虽然碰上了，自己又吃不准真伪，耗费神思。但回过头来看看自己的收藏经历，其中更多的还是收藏带给我的喜悦，让多年的辛苦总算没有白费。现在每当客人来店吃饭前在门口的展柜前驻足品鉴我收藏的老餐饮物件，心里都会有一种说不出的幸福感。

我的藏品，我是件件都爱，视如珍宝，即使貌不惊人，每一件里也都有故事。有一次别人向我推荐一个两面刻字的木章，上刻"迎婚大吉"四个大字。当时我就犹豫了，买吧不知道是什么地方用的，有何特殊价值，不买吧又很喜欢，生怕失之交臂，错过这个收藏的机会。左思右想后，最终还是买下来了。买了之后呢？就赶紧拿去请教年长的老人家，问人家见过这个东西没有，是做什么用的。巧了，老人家正好见过，告诉我这是旧时结婚迎亲印路标用的模子。迎亲的人，在办喜事当天，不能走错路。所谓走错路就是不能往西和南走，红纸黑字的"迎婚大吉"路标就是起这个作用的，同时它还可以张扬喜气，可谓一举两得。我心里顿时很高兴，心想这件物品真算买对了。

再举一例，有一次我看见一个烟灰缸，相当于现在烟灰缸的五六倍大，很像个蛐蛐罐子。第一眼看到烟灰缸的外面有一层麻面，起初还以为是烧坏的残品，听人家解释后才知道，原来这是刻意制作的。旧时的北京没有一次性打火机，只有被称作"洋火"的火柴。有烟灰缸上的这一层麻面就可以将带磷的火柴在烟灰缸上划着，这个烟灰缸也是个点火器。而其个头之大也有讲究，体积若太小，就会被火柴顶跑了。此外，我还收藏有清末使用的铜板，致美斋开业时顾客使用的铜钱，账房所用的毛笔和墨盒，福寿安康印章，点心模具，烫酒的锡壶，刻有"安福楼"招牌的酒杯，清朝和民国时期酒楼用的蝶盘等。这些藏品件件都记述着过往历史中或兴盛、或黯淡的餐饮业变迁。

人们常说学海无涯，引用过来，可以说收藏之路同样没有止境。当我把收藏到的餐饮老物件全部放在展柜里展示出来以后，才感觉不够丰富。要是从致美斋的正式开业时间计算，针对于200多年的老店发展历史，目前我现有藏品的深度和广度都还相差甚远。但再想丰富藏品又感到很艰难，不免把收藏视为一种负担了。幸而我并没有放弃对收藏爱好的执着。随着时间的推移，伴随着个人辛勤的付出，我对藏品的认识也逐步提高了，还庆幸的是在报国寺市场结识了许多有眼界的摊商。他们得知我寻求的藏品都离不开餐饮业后，都纷纷为我主动收东西，然后让我根据爱好和需要去选择。后来我进报国寺市场，摊商就纷纷议论，这位先生是开饭馆的，就买饭馆用的老物件，你们有什么好东西记着给他留着。

一次一位老摊主见了我，就喊我说张老板这里有件好东西给你留着呢。我一看，是把木柄马尾的掸子。他介绍说，这是当时堂倌迎客时给客人掸鞋用的。旧时街道都是土路，加上风沙大，客人风尘仆仆一路到店里来，布鞋上都沾满了尘土，掸子的用途正在于此。进店后小二一声讨巧的吉利话问候，掸一掸鞋子上的尘土，浑身都有精神。这也从侧面反映了旧时餐馆的服务程序和服务内容，值得我们今天的餐饮人士借鉴和学习。我于是喜欢上了这个开始看还很不起眼的物件，并纳入展柜珍藏。由于各方的支持和自己孜孜不倦地收藏，从此后餐饮物件的积攒进度大大加快了，致美斋大门内柜台里藏品的品种和数量都逐渐丰富了，并且有了些档次，自己也具备了初步的鉴别能力，能识些货了。

现今我所收藏的餐馆老物件，一般的物品都是自本店开业后使用过的，即1808年后的餐饮用具，总共有200多件。大致分为收银系统、传统文化和餐具用品三部分。寻找这些老物件已经成为我自觉的生活组成部分，几乎每天都会乐此不疲地到市场"寻宝"。哪里举办夜市，我半夜起来也会去看一趟，有时候半夜3点起来就到了市场，一直溜达到致美斋饭庄开始上班。这些老物件所反映出来的餐饮文化是数代劳动人民辛勤劳动的结晶，值得珍藏和研究。而对于餐饮老物件的收藏和研究，我也还是刚刚开始，这条路是永无止境的。

【第三篇】
踏上餐饮之路

1962年,我高中毕业。毕业时对人生的职业规划还是很茫然的。对于我的职业选择,父亲的思想很开明,他说男儿志在四方,不必拘泥于家庭的因素,个人志向才是择业之本。这让我感到很兴奋,萌生出初生牛犊不怕虎的壮志凌云。正所谓"海阔凭鱼跃,天高任鸟飞"。那时的我对未来充满了信心,希望也可以像父亲那样受人敬仰,成就出一番事业来。

1948年,两个姐姐都先后参加了八路军。新中国成立后大姐在国家机关做保卫工作,二姐在中南海做机关工作人员,后来调到新疆工作。她们的工作安顿以后,父亲关注的焦点自然就转移到刚满18岁的我的身上。那时父亲整日为我四处打听工作机会,非常操心。恰逢此时,某日,时任翠文阁经理的魏长青先生找到父亲,建议父亲应当让我像大哥一样,继承家学,到他们店里面当一名学徒,藉此日后从事文化研究工作,借力父亲和兄长提携,也不难有所成就。其实父亲是非常乐意我随大哥一样子承父业的,但他却并没有马上允诺魏先生。父亲斟酌了一会儿,出乎预料地答道:"很感谢您特为犬子之事而来,还是先不用管他,让他自己去选择吧!"

确如父亲所言,我做出了平生第一次重要选择——当兵,毅然离开熟悉的北京,到军营实现年轻的理想。在青岛,我当上了一名水兵，度过了一段难忘的海军军旅生涯。半年后由于患有轻微的鼻窦炎，不适应潜水艇的水下作业环境而被迫中止了当兵的岁月。

回京后，我选择了继续深造，到北京市财贸干校学习，毕业后就被分配到商业、服务业部门工作。也就是在这段平淡无奇的日子里，我的职业方向发生了变化，从服务行业转到餐饮行业。这种转变应该说起源于我对烹饪的喜爱。不知从何时起，我对烹饪就表现出很浓厚的兴趣，只要工作不忙我就会亲自下厨，感觉做饭是一种很好的放松和感官的盛宴。同时我对烹饪方面的知识也兴趣盎然，时有涉猎，兼收并蓄，家里的书柜装满了我从古文书店淘来的各式烹饪书籍。除了看书，我还会饶有兴致地按照书上介绍的方法练习烹调技术，琢磨规律，总结经验，陶醉其中。积年累月，自己的厨艺果然大有长进。家里来了客人，都是我一手操持一桌色香味俱佳的菜肴。偶尔灵感所到，也会连夜"爬格子"，写一点小文章，记录一下烹饪心得。做得一手好菜成了我的特长。没有想到的是这个"特长"很快就被单位领导发现了，他们执意要安排我去管理单位的内部食堂。领导的好意，令我倍感惊喜，我自然也就欣然接受了这份"梦寐以求"的工作。当起餐饮管理者来，在这里一干就是八年。

内部食堂的各项工作貌似简单，实则是麻雀虽小五脏俱全。前厅、后厨，采购方法、成本控制、仓库管理、财务核算，一个也少不了，很磨练人。至今我都很感激这八年的磨练，让我从一个餐饮界的门外汉成长为一名合格的餐饮管理者，也为后来做好工作打下了较为坚实的基础。

做出些成绩来之后，单位领导就决定把我调到公司的餐饮中心店，管理多家大小餐馆。当时国家实行计划经济，餐馆都是国营企业，管理方式也比较陈旧，但是我由此接触了社会餐馆，这为日后经营老店致美斋积累了许多宝贵的经验。

1971年，我被划分为"当权派"，不知所措中就被下放到海淀区七王坟"五七干校"进行劳动锻炼。记得有一回，我和一起锻炼的老同志们从田地里砍完玉米棒子杆回学校，一路上大家都异常疲劳,面带倦容,无精打采。正巧迎面走来一位老乡,看到外表都很疲倦落魄的我们就问:"你们被判了多少年啊?"这时一位较年长的同志回答:"无期。"大家顿时被他的幽默回答逗乐了。记忆深刻的场景还有一次大家一起起猪粪。冬季里,两个粪筐被装得满满的。我用尽全身力气往肩上一挑,扁担立刻折了,断成三段,中间的一节弹劲很大,把我的耳朵也打肿了。我这个在城里长大的孩子,在家时虽谈不上养尊处优,但也未曾经历生活的辛苦,日子总算安闲。在"五七干校"锻炼的一年,让我真正体会了生活的不易与艰辛,虽然苦没少吃,但心里很充实,人也成熟多了。1972年从干校回来后,我就正式投身到餐饮管理工作中。

我出生于1944年,可以说是赶上了"生在旧社会,长在红旗下"的时代。在餐饮行业中,像我们这个年龄段的人也是承上启下的一个群体,既怀旧,又不为古,思想比较活跃。旧社会餐饮行业规模普遍较小,以手工业为主,餐饮技艺也是由师傅口传心授,代代相传。然而就是这样的家庭小作坊却创造了灿烂夺目的华夏餐饮文化,成为人类文化史上一颗耀眼的明珠。老师傅们身怀绝技,对工作严谨认真,一丝不苟,在烹调技艺和调味方法上都造诣深厚,精湛绝伦。这样一笔宝贵的非物质文化遗产,我们餐饮工作者有责任把它传承下去。但同时,餐饮行业中也确实存在一些突出的掣肘发展的问题。例如由于受落后思想观念的影响,餐饮行业是一个从业者文化素质普遍不高的行业,由此引发的管理问题层出不穷。千年的文化积淀呼唤着高素质的餐饮人才与现实的人力资源现状发生了严重的对撞与冲突。我们必须在发展中解决好这个问题。这也是新时代给我们餐饮工作者提出的一个新课题。

从业以来,我接触了许多大师级餐饮前辈,领略了餐饮文化的博大精深。在浩若烟海的烹饪海洋里,见识了无数智慧和心血凝结的浪花,年轻的心灵为之折服和震撼。通过与前辈们的接触交流和学习,使我开阔了眼界,丰富了烹饪方面的专业知识,是一种非常难得的人生经历。下面简要记述几个印象深刻的事件,以飨读者。

一次,一位对餐饮颇有心得的客人给某位德高望重的冷菜师傅出了个难题,他想吃个拍黄瓜,要求黄瓜成菜后顶花带刺,整条不变形,不破不裂,味道要好,清淡适口。老师傅接到"任务"后,不紧不慢地先将黄瓜洗净,保留顶花,再用豆包布将黄瓜包紧,保持黄瓜齐整的原样,然后用刀轻拍,均匀使劲,不可过力,以黄瓜皮酥为准,再带着豆包布用手攥一下,挤掉黄瓜中多余的水分。然后将豆包布打开,注意保持黄瓜的形状不变,轻轻放入盘中,均匀浇上调料。只见盘中黄瓜整形,顶花带刺,非常夺目,用筷子一碰便可夹食,味道鲜美。客人品尝后连连叫绝,非常满意。

卧鸡蛋看似简单,几乎人人都会做,但要把一个鸡蛋卧成两个,要求每个鸡蛋都有蛋清、蛋黄,且不能破碎,就不那么简单了。我见过一位老师傅就精通此菜。待水烧开,老师傅将鸡蛋打入锅内,严格控制锅中的水温,然后用筷子轻轻夹住锅内鸡蛋的中间部分,随着水温上升,筷子逐渐加力,几分钟后鸡蛋就被夹成了两个,每个鸡蛋都有蛋白和蛋黄,并且是蛋白包着蛋黄。

还记得有一年受邀担任餐饮业技术比赛的评委,在现场的厨艺表演活动上,一位年轻的厨师在制作芙蓉鸡片时遇到了难题。这位师傅把打好的鸡泥往锅里拨片,但鸡片下锅后总是粘锅底,漂浮不起来。这时在旁边观看了一阵子的一位老师傅,名叫马德明,就走过来跟小厨师小声说"你把锅偏一下,让油流到锅边,再拨入鸡片,然后把锅子正过来,带一下鸡片,就会漂上来了。"年轻的厨师一试,果然不错。马师傅的"功力"可想真了得啊。

厨师技艺靠口传心授,餐饮前辈们对待职业的严谨甚至到了分毫不让的地步,令人钦佩。这种敬业精神非常值得我们后来的从业者学习。从一次关于荷花酥制法的辩论就可窥见一斑。在一次技术比赛中,评判这个菜的有两位大师级的厨师,即全聚德和平门烤鸭店的李德才师傅和西城饮食公司的周敦厚师傅。他们二人当时就酥的包法意见不一致,引经据典,各有主张,谁也说服不了谁。一位认为酥是借的,另一位认为是样板,各执己见,十分认真。大师们在烹饪研究方面的那股较真劲儿令我惊叹,更备受鼓舞。大师尚且如此,何况我这个还在学习阶段的年轻人?现在这道面点仍然很受顾客欢迎，制法与前述方法也大同小异。

老一辈的厨师，在烹饪方面尤其是在用料方面更多的是依靠常年积累的经验，具体用量全靠眼力和手劲，语言可说不清楚。有一次，我担任评委判厨师比赛笔试的试卷，一看答案忍俊不禁。一道糖醋鱼的用糖量和用醋量的考题，有位厨师答用三两糖二两醋，另一位厨师答用二两糖三两醋。1980年以前，包括菜谱在内的很多书籍都还是采用旧称量单位"斤"和"两"。称量单位改革后，很多人还不习惯用"克"。看得出其实两位厨师也没有称量过糖和醋的用量，全凭"感觉"盛调料入锅。此事让我开始思索关于中餐标准化生产的问题。

……

诸如此类的记忆片段太多了。它们都是活的教科书，为我日后的工作储备了能量。古语讲"既来之，则安之"，我想自己既然选择了烹饪事业，踏上了这条路，就要义无反顾地走下去。

貳

第二部分

【第四篇】

感谢恩师李正权

> **李正权**：原北京市饮食服务总公司饮食处处长、原中国烹饪协会副秘书长、烹饪理论专家。

1962年高中毕业后，我在北京市财贸干校上了一年学，然后进入商业、服务业工作。在商业局工作时用到的专业是我在大专期间所学的会计。后来上级领导鉴于我的工作表现和专业特长，就把我调入到餐饮行业做管理工作了。

在几十年的工作实践中，我先后发表过一些餐饮管理、餐饮业行业管理及行业协会效能发挥的论文，参与了内贸部、北京市商委组织的全国大型餐饮比赛、展演活动，出版《餐饮企业经营管理实务》一书，并担任酒家、酒店分等定级国家级评委和餐饮业国家级职业技能竞赛裁判员，在行业中做过一些管理工作。之所以能取得如今这样的成就，我要特别感谢我的恩师李正权先生。是先生引我上路，在我职业生涯的不同阶段又给予了大量无私的帮助和谆谆教导。若无老师教诲，便没有我后来事业的进步和成绩。恩深至此，何以抒怀？

我是老高中生，毕业后曾在财贸干校专修会计学，后来又进修了一年法律，在上级领导们看来竟然还算"文化底子深厚"。其实我心里很明白，正应和了人们常说的一句老话"此处无朱砂，黄土为贵"。刚刚踏进餐饮管理的门槛，自己觉得需要学习的东西实在太多了，理论知识薄弱，实际管理经验也很欠缺。

打小，我对写作就具有浓厚的兴趣。无奈于初中时有些偏科，文科成绩很不理想。后来，在工作中逐渐积累起一些经验以后，一有时间我就喜欢把这些想法和观点记录在小本子上，日积月累竟也收获颇丰，小本子变成厚本子了。看着一行行自己用心血汇集成的文字，心里时常会涌起莫名的感动。我对餐饮行业是饱含深情的。但这些记录心路和职业历程的文字一直"养在深闺人未识"，其中语句不通，错字累牍时有发生，作为作者我更是怯于拿出与人分享了。

积淀了一些工作经验后，李老师就多次鼓励我尝试写一篇管理论文，权当是工作总结。开始我以为老师姑且随便提及，并未上心，后来他见我迟于动笔，就直接下达"命令"了。这下可把我急坏了！老师的"命令"当然不敢反驳，但我心里很憷头，很不想写。一是写作哪里是我的专长呢？平时随便涂鸦，权当自娱自乐，现在就要写拿给专家看的管理论文，确实没有这方面的经验呀。二是自己做事情还是很认真的，凡事要么不做，做了就要做好，如果准备不足，勉强为之，写出来的东西岂不被专家耻笑？这也对不住老师呀！李老师似乎看出了我的心思，他开导我："凡事都有个第一次，敢于尝试就已经离成功不远了。不要胆怯，实际工作都做好了，还怕写不好一篇小文章？只要拿出你在管理工作中的钻劲来，文章一定差不到哪儿去。写文章就像你和读者在对话交流，只要把工作中的真实想法和体会写出来就可以了，不足的地方我们可以再商榷修改嘛。"

老师如此谆谆教导，我也就动笔开始写了。针对当时社会上宴请成风、浪费严重的热点问题，结合自己的体会，我确立了一个宴席改革的主题思想。列出文章的结构提纲以后，就开始补充详细内容。后来反复润色修改了数次，家里的藏书都被我翻了好几个遍，我还觉不满意，就带上干粮到国家图书馆查阅相关文献资料。一个月下来，我的第一篇四千多字的管理论文《宴席改革的方向和措施》就酝酿诞生了。

当我把写好的文章忐忑不安地交到老师手中的时候，先生很欣慰，目光中闪烁着慈爱的光芒。至今我还记得，他当时说了些赞扬的话，还鼓励我说万事开头难，有勇气尝试就值得肯定。然后，老师戴上老花镜，手握笔杆，仔细阅读起我的文章来。经过老师三个多小时认真详尽的修改，诸如段落不清、语句不通、错字别字、漏用标点等语病处，都一一为我指正，荒蔓错节的旁枝被修剪，整篇行文顿觉清晰有序，透彻淋漓了。老师还中肯地夸奖我善于总结，想法好，是写文章的好材料。文笔功底略逊，然勤能补拙，鼓励我日后不可懈怠，多动笔，多读些有关烹饪和餐饮管理方面的书籍。"熟读唐诗三百首，不会作诗也会吟"，写文章的水平定然会水涨船高了。

第一篇文章发表以后，我为之兴奋了许久。这或许就是我多年内心的期盼。看着自己的文章被油印成铅字，幸福之感溢于言表。开弓没有回头箭，从此我更热衷于"职业"写作了，寒暑不辍。

2001年出版的由中国烹饪协会林则普主编的《中国烹饪发展战略问题研究》一书中，收录了我的一篇论文，题目是"论餐饮业的行业管理和行业协会的作用"，这也是我在第三届中国烹饪研讨会和首届中国烹饪论坛上的讲话内容。

恩师除了倡导写作，还鼓励我走出去，广结贤能，在交流中向前辈们学习，增进知识和阅历。在李老师的举荐下，我参加了中国烹饪协会1989年在长沙举办的首届全国烹饪理论与实践研讨会。在这次活动中，我有幸结识了许多餐饮行业内的顶尖专家学者，如聂凤乔、陶文台、熊四智、陈光新、王子辉等老前辈们。通过与这些大师们一起讨论交流，我受益匪浅，也为后来的发展积累了宝贵财富。

恩师对我的培养是全方位的。他常常告诫我，一名优秀的餐饮管理者应当具备的技能素质是综合全面的，大型餐饮活动的组织能力就是其中的一项。1987年，为准备第二届全国烹饪大赛，我借调到中国烹饪协会近一年时间。大赛期间李正权老师带领我负责比赛组织组的各项工作，包括安排各位参赛选手的比赛顺序，参赛时间，赛前各项准备工作和注意事项，赛后及时公布比赛成绩及领奖顺序。老师不倦地带我熟悉每一个环节，告知个中要领。通过这次大会，不仅使我对餐饮大赛的组织程序有了全局上的认识和把握，也使我的组织协调能力有了很大提高。

过去我们组织烹饪大赛条件比较艰苦，大家都没有电脑，书面文字也无从打印，一切事项全凭脑子想，比赛的各种资料也都得由组织组的同志们亲自动笔手写。由于选手时常有临时赶来报名的，组委会的编排工作就会顺延。很多时候我们的编排工作，包括填写参赛通知单等都要连夜进行，通宵达旦。李老师严谨的工作作风和严肃认真的工作态度深深影响着我。记得有一次比赛，我们的一切准备工作都已经就绪，就等第二天上午各代表队领导来抽取比赛顺序了。不料当天晚上一个代表队的领导突然找到李老师反映情况，说我们的比赛程序安排还有些问题。为了避免省内选手间产生矛盾，他要求我们必须在比赛前变动比赛顺序，重新排列。李老师很慎重地听取了这位领导的意见，并再三叮嘱我务必在天亮之前将之前排好的比赛顺序安排打乱，重新排列组合好，以便消除所有参赛选手的心理负担，让他们精神饱满地参加比赛。

临危受命，我深感意义重大。当时李老师已经60岁了，我40岁，精力充沛。安排老师休息后，我独自一人冥思苦想，挑灯夜战。幸亏所学的会计知识帮助了我，排列参赛组合和顺序其实就是数学中排列组合原理的实际应用。经过整夜鏖战，功夫不负有心人，天亮时我总算欣喜地交出了一份满意的答卷。老师看了却十分平静，他说一切原本在预料之中。至今我都深深地感谢恩师对我无以复加的信任。最后这次大赛的比赛顺序采用抽签的办法得以圆满完成。

首届北京市烹饪技术大赛、全军烹饪技术大赛、首届全国青年烹饪技术比赛我都曾获邀参与了一些重要的工作。1994年，在首届全国清真烹饪大赛上由我担任比赛组织组的组长。李正权老师德高望重，大赛组织经验在业内有口皆碑。但老师那时已经70多岁了，就向大赛组委会举荐我担任大赛组织组组长，全面负责大赛组织的各项工作。在老师的指导下，我独立领导团队圆满地完成了大赛组委会交付的各项工作。经此，我对大型烹饪比赛的组织工作基本驾轻就熟了，对比赛过程中的各项具体要求，可能出现的问题，采取何种方式补救以及如何防范都有了较为丰富的经验和见解。在接下来的多次大中型烹饪技能大赛中，都担任了比赛组织领导的工作，如在全国药膳第六届养生技术制作大赛上担任总监理长，确保了组委会的组织工作顺利开展。

老师还鼓舞我走上讲台，授业解惑，在七尺讲台上扮演好我餐饮人生舞台上的另一个角色。大概从1985年开始，我就开始培训宣武区饮食公司的员工，最初讲服务知识。1989年首都营养美食学会聘请我担任理事，任学会培训中心副主任，高级讲师。

那几年工作之余我还曾担任教师在西四民盟大院内办厨师培训班，培训中级厨师。除担任班主任外，我还负责讲解成本核算、营养卫生、原材料知识等课程。在2003年3月份第十一期全国餐饮业职业经理人培训班上担任授课教师，主讲"餐饮企业经营管理"。我还曾多次为北京老上海城隍庙餐饮有限公司、首钢服务公司、富华肥牛餐饮公司等大中型企业中层以上管理人员进行策划培训。现在担任北京市原宣武区创业指导服务中心创新项目评审专家，为首届北京国际美食节专家委员会成员，被评为资深餐饮企业管理专家。

写论文，出书，组织大型餐饮比赛，当老师培训学员，管理餐饮企业，汇集成了我餐饮人生的串串音符。不论这些音符声音的强弱，都将是我人生中弥足珍贵的宝藏。

回首这些年来自己在餐饮事业上走过的路，我始终认为前进中的每一步都与恩师无私的教诲与举荐密不可分。先生一生淡泊明志，诲人不倦，令晚辈垂敬。常言道：一日为师，终身为父。"师恩若春风，日日沫我心。"故此，谨以此文献给恩师李正权先生。祝愿老师健康长寿！

【第五篇】
烹饪杂谈

回顾40多年来的工作实践，总结个人在中国烹饪协会搞大型比赛活动、学术研讨活动以及在生产第一线的经营管理心得，下面我就谈谈对祖国烹饪的一点认识。

烹饪是人类在烹调与饮食的实践活动中创造和积累的物质财富与精神财富的总和，包含烹调技术、烹调生产活动、烹调生产出的各类食品、饮食消费活动以及由此衍生出的众多精神产品。中国烹饪文化具有独特的民族特色和浓郁的东方魅力，表现为以味的享受为核心、以饮食养生为目的的和谐与统一。

中国烹饪是文化、科学与艺术三者的完美结合体。

一、中国烹饪是文化

中国烹饪渗透了中国传统文化的精神内涵，成为其重要载体。无怪乎一提起中国，人们首先想到的就是中国的"吃"。《红楼梦》中精妙绝伦的美食，显示了中国美食文化的极致，难道它仅仅是为了炫耀贾府的富有吗？或者纯粹是为了感官的享受吗？当然不是。《红楼梦》中的"吃"，不仅表现了贾府庞杂的生活内容，而且其中的美食成了中国传统文化的某种象征。

从烹饪发展的历史中我们可以看出，烹饪是一项宝贵的文化遗产。上万年的烹饪文化积淀涉及传统文化的诸多领域，即使从仰韶文化、河姆渡文化或良渚文化开始，其文化内涵也足够丰富的了。烹饪不仅与农业、畜牧业、养殖业和渔业密切相关，也与陶器等多种手工业的原生态密切相关，更和语言文字、人们的生活方式密切相关。另外，中国传统文化和古埃及、古巴比伦、古印度不同，因为它从来没有中断过，这种上万年的连续演变更显示出它的东方神韵，在膳食结构、烹饪器具、烹调方法和进食方式等方面，都有很明显的地域特征；在人文精神方面，烹饪受儒家学说的支配长达3000年，这样就形成了根深蒂固的中国饮食文化精神。孔子曰："人莫不饮食也，鲜能知味也。"饮食的味就是中庸之道的一种表现形式。中国烹饪对食物原料的选择范围非常广泛，加工方法亦因料施技，并与加热熟制方法相匹配，还要满足不同食客的口味爱好，尤其注重研究进食者的身份和进食环境的和谐。在饮食礼仪、饮食习俗和饮食观念等诸多方面，不仅有系统的文化传承，而且还留下了数量庞大的文献记载，再加上20世纪后为数众多的考古发掘成果，堪称一道餐饮文化的盛宴。

在中国历史上，有一个十分耐人寻味的现象：能够大体上够得上美食家称号的，绝大部分都是文化名人，包括学者、作家、画家和各种艺术家。在孔子、屈原、杜甫、李白、陆游、苏轼、李渔、曹雪芹、袁枚等文化名人的笔下，都留下了不少品尝美食和有关烹饪的文字。这一独特的文化现象说明，饮食品味同文化修养之间存在着必然的联系，意味着并不是人人都能做到真正懂吃。从这一现象也可证明，缺少文化的厨师不可能是一个完美的厨师。由于历史的原因，过去的厨师文化程度都比较低，这不能不影响到烹饪技艺的发展提高。万幸的是，在中国烹饪发展的过程中精于品味又有较高文化修养的美食家们弥补了这一缺憾。正是在既会吃又懂吃的文化人的促进和指导下，在美食家和厨师的结合和共同努力下，中国烹饪才达到了较高的水平。因此，饮食文化的创造，不仅要靠厨师的智慧和劳动，而且需要得到美食家的参与。没有美食家的讲究和挑剔，烹饪技术就很难提高。也可以说，厨师在烹饪上的不断提高和创新方面，得益于美食家们的批评和推动。

同时，烹饪也是人类最基本的生存手段之一。随着社会的发展和科学技术水平的提高，烹饪由简单向复杂、由粗糙向精致发展，生产规模由家庭扩展到社会，有的成为商品生产性质，有的成为集团生产形式，并成为社会文化生活的一项重要内容。烹饪是社会必须的基本消费品生产的重要方面，对社会发展有着重大影响。

中国烹饪史是中华各族人民共同创造的文明史，也是人类文明的重要组成部分。以烹饪文化而言，我们的民族特色主要体现在以植物性原料为主的膳食结构，"药食同源"的食物功能理论，崇尚热食的烹饪方式，以匕箸为进食工具以及由此产生的饮宴方式和进食礼俗。这些民族特色的形成有一个很长的历史过程，从奴隶制国家的产生算起，至少有5000年的碰撞、吸收和融合的过程，其中也包含了很多外来文化因素的影响，所以说中国烹饪是兼收并蓄、不断发展的中华文化组成部分。

二、中国烹饪是科学

中国烹饪学是以中国烹饪为研究对象的学科，是研究中国饭菜食品、烹饪和消费的一般规律的应用科学。中国烹饪中的科学内涵十分丰富，其中心内容，在于烹调与饮食既符合营养要求，又要达到养生效果的终极目的。

中国烹饪秉承"五味调和"的科学美食观。《黄帝内经》说："天食人以五气，地食人以五味，"谨和五味，骨正筋柔，气血以流，腠理以密。如是则"骨气以精，谨道如法，长有天命"。味是饮食五味的泛称，和是饮食之美的最佳境界。这种和，由调制而得，既能满足人的生理需要，又能满足人的心理需要，使身心需要能在五味调和中得到统一。美食的调和，是对饮食性质、关系深刻认识的结果。味是调和的基础。阴阳平衡是人体健康的必要条件。饮食五味的调和，以合乎时序为美食的一项原则。中国烹饪科学依据调顺四时的原则，调和与配菜都讲究时令得当，应时而制作肴馔。追求肴馔适口，应以适口者为珍。

从菜肴的生产过程来看，烹饪是一门综合性很强的学科。一个餐饮生产企业要经过采购、保管、加工生产、销售、服务五个复杂的程序。评判菜肴的好坏，要从菜肴本身的色、香、味、形、器、质、营养、卫生等方面全面考核。考核的每项内容都有一门学科在指导着技艺的发挥，几乎涉及基础学科的各个学科。自然科学与社会科学在烹饪的许多领域中相互渗透。烹饪中的化学原理、物理原理、生物学原理、生理学原理、心理学原理、社会学原理和哲学原理等都是餐饮工作者和菜肴制作者应当研究的课题。

在烹饪全过程的每一个环节，都有其科学原理。从原理上研究烹饪流程的各个环节，如原材料的保管、干料洗发、加热调味、质感色泽、造型变化等，有助于餐饮制售人员的研发，并从深层次来理解烹饪科技的内涵。

中国烹饪还包含了丰富的社会科学内容，我国由地域、风俗习惯、烹调特色的差异导致了不同的菜系，如"八大菜系"，还有众多的地方风味菜。这些菜系与地方风味菜的特点不同，而且都有其独特的风格。这点体现出烹饪不仅仅是自然科学，还具有社会科学的性质。

我们知道烹饪是为人类生存服务的，当然离不开营养科学的指导，是包含了现代和数千年传统的营养科学。《黄帝内经》说："味归形，形归气，气归精，精归化"，"五味入口，藏于肠胃，味有所藏，以养五气，气和而生，津液相成，神乃自主。"这个观念认为，人的饮食，目的在于使人体气足、精充、神旺、健康长寿。围绕着这个目的，逐渐形成了中国式的传统的养生食治学说。"五谷为养，五果为助，五畜为益，五菜为充"这一膳食结构不仅使中华民族得以生存与发展，而且避免了许多"文明病"的困扰，为海内外营养学家所称道。还有一个收获则是药膳，可收无病养生、有病食治的效果。它与法国烹饪、土耳其烹饪齐名，并称为世界烹饪的三大风味体系。

当代名厨在实践工作中充分体会到烹饪是一门大学问，它与其他学科，如烹饪化学、烹饪营养学、烹饪卫生学、烹饪生物学等都有紧密联系。

三、中国烹饪是艺术

近些年来，不断有人提倡"烹饪美学"或"饮食美学"，将烹饪纳入日常审美活动，成为美学的一个分支。

艺术表现了美，同时也是人们的审美对象，它早已成为人类文明生活中不可缺少的一部分。在烹饪中，存在着美、美感、审美意识及审美活动，所以烹饪属于艺术范畴。它是一门具有审美价值的饮馔艺术，正如中国著名红学家周汝昌先生所说："在中国，烹饪是技能、是艺术、是文化、是生活"。

然而，烹饪艺术绝不是普普通通的艺术，烹饪艺术充分体现了食用性、欣赏性和现实性，它通过人的手、眼、鼻、牙、舌等感官的共同作用，来理解和体会烹饪艺术的享受。首先通过手的协助，用眼睛的视觉对食物菜肴的色、形、器有一个良好的印象，在经过咀嚼细品时体会食物的香、味良好的内在感觉，达到主体与客体内容、形式的完美统一。

中国的烹饪艺术是在烹饪历史发展过程中，逐渐形成、发展并丰富起来的。具有实用目的与审美价值紧密相联的特点。如陶制炊器的器形从实用需要设计出发，本意为放置平稳，受热均匀，但却给人以对称、均衡美的感受。陶器、铜器、铁器的不断演进，不仅是对工艺、性能方面的改进，还包含着追求形式美的意图。随着物质生产的发展和社会生活的进步，烹饪越来越具有审美性质，直至发展成为实用与审美并重的各种花色造型菜点及丰盛华丽的筵席。中国烹饪艺术虽然受到烹饪原料、烹饪技术、食品实用功能等因素的制约，具有相对的局限性，但它与其他艺术种类相比较，却有自己的艺术特点，即融绘画、雕塑、装饰、园林等艺术形式于一体。

中国烹饪艺术的表现形式多种多样，通过肴馔本身的色、形、香、味、滋与筵席组合即可窥见一斑。人们常把前者概称为味觉艺术；将后者称为筵席艺术。

味觉艺术。人对于食物的选择早已摆脱了对先天本能的依赖，主要凭教养获得的后天经验，包括自然的、生理的、心理的、习俗的诸多因素，其核心则是对味的实用和审美的选择。烹饪艺术所指的味觉艺术，是指审美对象广义的味觉。广义的味觉错综复杂。

人们感受的馔肴的滋味、气味，包括单纯的咸、甜、酸、苦、辛和千变万化的复合味，属化学味觉；馔肴的软硬度、粘性、弹性、凝结性及粉状、粒状、块状、片状、泡沫状等外观形态及馔肴的含水量、油性、脂性等触觉特性，属物理味觉；由人的年龄、健康、情绪、职业，以及进餐环境、色彩、音响、光线和饮食习俗而形成的对馔肴的感觉，属心理味觉。

中国烹饪的烹与调，正是面对错综复杂的味感现象，运用调味物质材料，以烹饪原料和水为载体，表现味的个性，进行味的组合，并结合人们心理味觉的需要，巧妙地反映味外之味和乡情乡味，来满足人们生理的、心理的需要，展示实用与审美相结合的烹饪艺术核心的味觉艺术。烹饪技术是实现味觉艺术的手段。其主旨乃是"有味使之出，无味使之入"。

筵席艺术。这是中国烹饪艺术的又一表现形式。一份精心设计编制的筵席菜单，对菜点色、形、香、味、滋的组合，餐具饮器的配置，烹调技法的运用，菜肴、羹汤、点心的排列，馔肴总体风味特色的表现，都必然有周密的安排。它是时代、地区、饭店（或餐馆）的烹调技术水平和烹饪艺术水平的综合反映。审美主体——与筵者的食欲、情绪、心理，均受筵席菜单设计的烹饪艺术效果所左右。筵席艺术遵循现实美（包括社会环境、社会事物的美和自然事物的美）与艺术美的美学一般原理进行艺术创作。

传承至今的筵席艺术创作活动，需要注意下列两点：

（1）筵席格局以菜肴为中心，体现艺术形式上的多样统一。筵席菜肴的多样化，通过炸、熘、爆、炒、烧等多种技法，荤素原料多种选配，丁、丝、块、条、片等多种形态，黄、红、白、绿等多种色彩，酥、脆、嫩、软等多种质地，咸、甜、鲜、香等多种味感表现其艺术性。

(2) 菜点组合排列，表现艺术节奏与旋律感。筵席菜点的这种味的起伏变化，有若音乐旋律中的节奏强弱、速度快慢、旋律高低，使审美主体与筵者共同进入烹饪审美的佳境。

艺术的极至是雅，美食的极至也应该是雅。雅而不俗，美而不艳，才是高层次的美境。

菜肴食品有雅俗之分。雅者，令人赏心悦目，食指大动；俗者，使人索然败兴，大倒胃口。虽然一些低俗的食物未必不能入口。

那么，美食的雅，究竟指的什么呢？大体而言，雅者，即简单也。"简则可继，繁则难久。"简，是美食的起点，也是美食的终点。

街头小吃：品种简单，用料不多，制作不繁，风味突出。这是一种雅。

亲朋小酌：三两卤菜，寻常菜蔬，味简情浓，真趣盎然。也是一种雅。

宴请贵宾：菜品精美，菜量不多，人各一份，恰到好处。还是又一种雅。

反正，大鱼大肉不是雅，耳餐目食不是雅，一味动用贵重原料不是雅，绚丽夺目不是雅，锦上添花不是雅，暴殄天物更不是雅。

雅，是对上述或平庸，或低俗，或粗陋，或浮华，或浅薄的审美意识的背离。

不妨可以说，美食的第一境界是求真，第二境界是求变，第三境界就是求雅。求真是追求自然之美；求变是追求丰富之美；求雅则是追求丰富的简单，形式是简单的，内涵是丰富的，这是一种炉火纯青的美。

求雅是烹饪艺术的终极追求，也是味觉审美的理想境界。

美食的雅，是人的味觉审美意识和创造意识成熟的标志。

随着时代的发展，人们对美食的要求处于不断变化之中。美

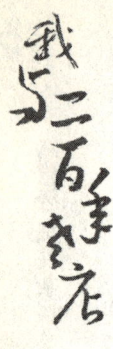

食的标准更加多样和宽泛。烹饪艺术必须紧紧把握时代的要求,不仅要满足,而且要引导人们的饮食走向,使人们吃得更科学、更合理、更味美可口。

第三部分

【第六篇】

对老字号的基本认识

我国老字号是指历史悠久、信誉好、产品质量优良、有独特工艺或者传人,在一定区域乃至全国都有较大的影响力的优秀民族企业。我国的传统老字号企业通常是指1956年以前被当时相应商业管理部门认可经营并享誉地方,今天仍在延续发展的企业,涉及生产、生活、经济、文化等各个领域。老字号以数十年和数百年的历史品牌,以有口皆碑的商业信誉,吸引了一批特有的消费群体。

老字号因其凝聚了历代商业企业家和劳动者勤劳智慧的结晶而备受赞誉。它们不仅是我国商业文明的光辉遗产,也是中华民族传统文化的瑰宝。我们要高度重视老字号,加强对老字号的保护。

中华老字号的历史特点

我国大部分的老字号企业历经封建社会、半封建半殖民地社会、社会主义计划经济和改革开放时期,其间经历了数次的社会、经济、政治的动荡和变革,经历数次战乱的磨难,一直生存、发展到今天,可谓历经风雨,饱经沧桑。在漫长的发展过程中,我国的老字号企业形成了独具特色的产品和服务,创造、继承、发展了优秀的民族文化,树立了良好的商业信誉和社会形象。老字号企业所承有的这些因素，铸成了老字号企业的金字招牌，大多数成为"百年老店"。这些中华老字号之所以能够在商业大潮中长盛不衰地"老"起来，赢得传世信誉，名扬天下，原因是多方面的。

1. 匠心独具的传统技艺。纵观全国 1600 余家老字号的发展历程，支持百年老店长盛不衰的关键是每个老字号企业都有一个或多个自主开发的传统技艺。这种技艺包含着精益求精、开拓创新的民族品牌核心精神。

2. 不可替代的特色产品。老字号之所以能够永续经营，长盛不衰，首先是因为老字号提供的实物质量具有不可替代的特色。这些产品虽然没有当今的专利产品那样受到保护，但由于它们的生产技术，或者核心配方是独一无二的，而且保密措施相当成熟，无法被人仿冒，所以老字号就有了长盛不衰的基础。可以说，这是许多老字号的命根子。

3. 志存高远的企业典章。老字号能够长盛不衰的第三个原因，是老字号创业者或者继承者们制定了完善、严密和极具控制力的典章制度，凭借这些典章制度，许多老字号能够长久地兴旺下去。在家族式的老字号中，最突出的是它们的家训、家规家法或者祖训、祖典是十分严厉而完善的。这些法规具有强大的约束力，促使后世子孙切实执行，不敢逾规犯禁。另外，类似宗法制度一样的戒条也相当有威慑力。在股份制的老字号中，因为它的组织形式已类似现代企业制度，因而具有约束力，它是完全以经济利益来约束经营者的。股份制的监事会的影响和作用，促使许多老字号循规运作，也是它们长盛的因由之一。

4. 走品牌化、持续经营的管理理念。应该说老字号的创业者绝大多数一开始创业就抱定了长久经营下去的信念，用今天的话来说，是具有永续经营的企业精神。比如许多企业都在名字中传递和表达着他们的心愿，"万全堂"、"永明"、"永生"、"永安"、"泰昌"，还有的是用家族命名企业，如"爆肚冯"、"张小泉剪刀"、"王致和臭豆腐"，以此明志。在管理方面老字号的理念主要表现在：(1) 重视人才，讲究人和。这是老字号企业实现永续发展的显著特色。中国自古就有"得人才者得天下"的说法，老字号的经营者深谙此道，一些技术专家、理财能手往往被重金委以重任。(2) 重视技艺，强调利器。这也是持续经营的一个特色。"工欲善其事，必先利其器"。为了保证产品质量特色，工具的改造、机器的采用，始终受到重视，一些独特的工艺和具有特殊用途的工具被沿用至今。(3) 重视品牌，树立形象。注意塑造产品的形象，也是老字号保证持续经营的特点。许多老字号企业通过命名字号，树立企业形象，并区别于人。

5. 灵活多样的经营模式。中国的老字号，最为常见的是父业子承的家族式。这种模式以封建社会特有的血缘、亲缘、地缘、人缘关系为核心，具有最地道的中国特色，一般具有以下特点：(1) 企业的核心技术多半是保密性极强的"祖传秘方"一类，需要依靠血缘关系来加以维护。(2) 企业的实权多半掌握在长子长孙的手中。(3) 家族式企业模式虽有内部派系之争，远房与嫡亲之争等问题，但优点也十分突出。此外，出于企业或个人间的合作，出现了合伙式或混合式的企业模式；出于避免后辈争权夺利的考虑，出现了股份制企业模式；出于官商结合等原因，出现了委托经营式的企业模式，从合伙到家族再到股份，其产生的根源在于利益分配的不均，这种变化正是老字号企业从不自觉到自觉的演变。

6. 满腔热情的社会责任。老字号企业强烈的社会责任感表现在以下几个方面：(1) 和平使者。老字号由于其深远的品牌影响和亘古不变的产品质量以及其深厚的民族文化底蕴，通常成为各级政要加强对外交往的首选。特别是新中国成立后，老字号成为党和国家领导人会见外宾、互赠礼品的必然之选，至今流传着众多广为人知的故事。比如，周恩来总理曾经 27 次到"全聚德"宴请外宾，如今周总理对"全聚德"三字"全而无缺、聚而不散、仁德至上"的诠释，已成为激励"全聚德"发展的企业精神。(2) 扶贫济困。老字号被广大百姓所认可的一个重要原因就是能够解救贫困百姓于危难之中。(3) 爱国主义。老字号记载了历史悠久的中国文化，一定意义上也承担着爱国主义教育的责任。

7. 卓尔不群的企业管理者。一个成功的企业背后必有几代优秀的企业家，他们用自己远见的决策能力推动企业的成长，并使一个企业家的成功转化为几代人的成功，因为创新和文化充实需要有人执行。据调查，在占总数 15% 的成功老字号企业中，几乎无一例外地有一位称职的管理者或管理者带领的团队。文汇报记者曾经写过一篇《百年名店看兴衰》的特稿，就杭州两家同类型的百年老字号作了对比。其中，楼外楼的掌门人 20 年未变，这位掌门人以发扬楼外楼的金字招牌为己任，将一家百年老店执掌的四海扬名，连锁店逐年递增，楼外楼的品牌价值达到了历史的极致，而另一家老字号却连年换帅，管理者如走马灯似地换了五六茬，最后到了摘牌易主的地步。

8. 全程控制的质量保证。老字号生产加工的过程是从认真选购好原材料开始的。对原料的独特要求和近乎苛刻的标准是大部分老字号的产品取得独特效果和广泛认同的基础。在胡庆余堂百年历史中，流传着许多精心制药的故事。如"局方紫雪丹"，是一味镇惊通窍的急救药，按古方制作要求最后一道工序不宜用铜铁锅熬药，为了确保药效，胡雪岩不惜血本请来能工巧匠，铸成一套金铲银锅，专门制作紫雪丹。

9. 诚信为本的经营之道。老字号企业之所以百年生存，其共同的特质就是具有童叟无欺、货真价实、诚信为本的经营之道。同仁堂三百多年历经沧桑而壮大，与其诚信经营密不可分。同仁堂有一条古训："炮制虽繁必不敢省人工，品位虽贵必不敢省物力"是历代同仁堂人在制药过程中必须遵循的行为准则。"同气同声福民济世，仁心仁术医国医人"是同仁堂北京店的一副对联，同仁堂既经营价格昂贵的高档药材，也有品种丰富的廉价药品，如狗皮膏药、眼药水，甚至有一分钱一卖的天仙藤。有老药工坐堂咨询，长期保留代客加工中成药的服务，加工的丸、散、膏、丹等均保持了传统的制作工艺，至于预约服务、送药上门、免费医病等更是一贯的传统。

中华老字号面临的问题与对策

一、政府前所未有重视，中华老字号被聚焦

首先，从宏观环境来看，国家和地方各级政府把中华老字号作为民族自主品牌，给予了前所未有的重视，相继出台了一系列的利好政策进行大力扶持和鼓励，在技术改造、连锁经营、非物质文化遗产、文化创意产业等方面配备了专项资金，重点进行资助。这是中华老字号发展的重要外因。

其次，全社会对中华老字号的关注度和认同度越来越高。天津、杭州、上海等地举办的中华老字号博览会都是盛况空前，获得社会的交口称赞。尤其是2010年底北京举办的首届中国中华老字号博览会，引发了北京市民参展的热潮。许多中华老字号企业的参展产品被抢购一空，不得不紧急抢运以满足参展观众的要求，这说明中华老字号已经具备了深厚的群众基础。同时，媒体对中华老字号的振兴与发展进行了大力的宣传。

二、品牌稀缺，根基诚信，中华老字号历久弥新

中华老字号的品牌是稀缺性品牌资源，具有不可复制的价值。老字号是我们祖先创造的宝贵遗产，经过了几十年、上百年的洗礼，能够保留到今天的都是经过历史筛选下来的佼佼者。这些老字号要么具有独特的传承技艺，要么具有鲜明的文化传统。总之，能够传承下来的，都是我们民族的瑰宝。其实，现代企业创造一个品牌很难，没有经过历史考验，终究能否成为真正的品牌并传承下去是很难预料的。

中华老字号的形成是以中华民族的商业伦理中的诚信文化为基础的，诚信是老字号发展的根基。经过了几十年上百年的沉淀与发展，诚信已经成为中华老字号品牌价值的灵魂，也构成了它的品牌文化的基础，这是其他品牌不可比拟的。

中华老字号不仅是民族品牌，更是中华民族的文化传承，与中国文化的传承紧密相连。同时，中华老字号文化本质上是大众文化，深受百姓喜爱的文化，与老百姓的生活方式息息相关的文化。

一种商业文化一旦失去了大众文化的基础，就缺少了发展壮大的养料和土壤。从这个意义上说，一方面，中华老字号记载了历史悠久的中国文化，传承了我们民族的历史传统，反映了我们祖先的聪明智慧。我们要用文化的视角而不仅仅是经济的视角去考量中华老字号企业的价值。另一方面，中华老字号对其他文化元素具有很强的吸纳、融合和自我创新能力，这就保证了中华老字号能够历久弥新，不断发展和进步。

三、抗衡国际大企业乏力，先进经营理念缺乏

振兴与发展中华老字号首先是规模问题。大多数中华老字号企业规模不够大，缺乏抗击国际大企业的能力，这样发展空间被大大挤压，难以形成强大的市场竞争能力。麦当劳、肯德基这样的巨无霸企业首先是规模大、盈利能力强，形成了跨国经营的能力，而且品种丰富，经营形式灵活多样。沃尔玛这样的商业零售企业2009年的营业额高达4000多亿美元。相比之下，中华老字号餐饮企业中做得比较大、比较好的全聚德年营业额只有10多亿元，跨省区经营的能力还能掌控，而跨国经营的能力还没有形成。这是现实的差距。

中华老字号发展还面临着观念更新的问题。中华老字号企业在传承优秀文化遗产的同时，还必须吸纳国外先进的管理科学与经验，不断进行观念与技术更新。一些老字号企业满足于现状，缺乏创新意识，缺乏现代企业制度的思维方式和现代营销理念，对于现代物流配送、连锁经营、电子商务、现代服务营销等先进的经营管理理念知之甚少，甚至排斥，总是满足于一两个小门脸的小作坊式经营方式，这种理念注定了这些企业不可能得到真正发展，最终必然被市场竞争所淘汰。

四、连锁经营是重要出路，保持弘扬特色是目的

当今，中华老字号亟待解决的问题是创新。创新是振兴与发展中华老字号的根本所在，没有创新与发展，老字号就没有出路和明天。中华老字号的创新包括经营方式创新、业态创新、科技创新和管理创新等几个方面，还必须着力处理好传承与创新的关系，在传

承中求发展，在发展中求创新，实现传承与创新的良性互动。北京聚德华天餐饮集团用连锁经营的方式开展旗下子品牌庆丰包子的营销，取得了不错的效果。目前已经发展到近150家连锁店，成为京城最大的中华老字号餐饮连锁经营企业。发展连锁经营是中华老字号企业创新的一条重要出路。

发展中华老字号，还必须做大做强做实。在当下激烈的市场竞争中，中华老字号企业必须做大做强做实，这是保持老字号长盛不衰的秘诀，但是也要具体问题具体分析，区别对待，不是每个老字号企业都需要做大做强，而是要分门别类、有的放矢地区分不同情况，区别对待。国外一些有特色的老字号企业并不是以大而强为目的，而是以保持和弘扬特色为目的，这种做法值得我们借鉴。我国大多数老字号企业都是中小企业，其行业和地域特征决定了在相当一段时期内难以做大做强。对于这些老字号企业来说，首要任务是传承技艺与老字号品牌文化，让企业能够更好地生存和发展，有了这个前提然后再考虑做大做强的问题。

五、老字号企业的拆迁必须回迁，老企业没字号就不是老字号

城市改造中中华老字号店面拆迁，始终是困扰着商业老字号的核心问题，至今我国还没有完善的法律法规对老字号的店面给予全面的保护，这给一些商业老字号企业带来很大困扰。中华老字号是城市的记忆，也是城市的重要人文景观。随着城市的发展和城市规划的不断修订，不少地方的城市改造把中华老字号企业赶了出去，使一批老字号企业面临着灭顶之灾，一些老字号企业甚至一蹶不振，难以为继了。尤其是一些商业企业的老字号，它的核心资源就是市中心的那几间门脸，你把它拆了，就等于彻底断了它的后路。过去的十多年，在城市改造中把许多老字号企业的店铺给拆毁了，这对老字号来说是不可弥补的损失。老字号企业的商业拆迁必须回迁，各级政府对此必须统筹安排。

同时，要引导人们正确理解中华老字号。对于中华老字号，当今许多人有一些误解，认为时间长的企业就是老字号。老字号有两个组成部分，其一是老，即历史要长，有时间的沉淀；其二是字号，字号是一种品牌，也是一种文化，它是在历史的发展中形成的，它的后面有故事、有文化、有历史、有技艺、有传承。字号的涵义往往反映了中华传统文化的内涵，如全聚德、同仁堂这样的字号都反映了儒家文化"仁"与"德"的思想。因此，不能把老企业都当做是老字号，如果只是企业历史比较长而没有字号，那就不能称之为老字号。

【第七篇】
致美斋的历史

  有史料记载，致美斋始建于明崇祯十七年，也就是公元1644年，最早是一家经营姑苏风味的点心铺，以萝卜丝饼、焖炉火烧和双馅馄饨出名。旧时老北京的风味店一般不办酒席，是饮食品牌专卖店。饭馆叫堂、楼或居、斋的，一般是点心铺。明、清两代，每逢科举大考之年，赴京赶考举子中的南方人，由于无法适应北方的口味，往往要寻找南方餐馆，于是江浙风味店"致美斋"便应运而生了。同治《都门记略》中专有描写致美斋馄饨的诗：包得馄饨味胜常，馅融春韭嚼来香，汤清润吻休嫌淡，咽后方知滋味长。

  又据史料记载，由于清乾隆皇帝御膳房大厨师景启的加入，使得致美斋的菜点有了飞跃性的提高，因其"集南北烹调之表、汇御膳民食之粹"而享誉京城。清人崇彝在他的《道咸以来朝野杂记》一书中，对当时的致美斋是这样记载的："京师南城外饭馆……，致最久而不衰者，惟泰丰楼、致美斋（在咸、同间）二处。致美斋并非饭馆，当年只卖点心佐酒之品，仅有食品三两种，后渐扩充，方成大馆子。"还有："致美斋，其初为点心铺，所制之萝卜丝小饼及焖炉小烧饼戒绝端尖，以油和面烧成，其酥无比。秋季月饼与其他处不同，既大且厚，其馅丰腴，至少有十三种之多。约以四块为一准斤，远近行销，真不让云南省之火腿月饼矣。"

到了清末民初之时，致美斋的生意一度衰落。这时候，有三个山东人李氏、张氏、杨氏看准了时机，乘机买下了致美斋。他们三人各有一套制作卤味菜点的好手艺，经过他们的改进创新，山东风味逐渐被顾客认可。为了招徕客人扩大经营，店主将煤市街路西一处有22个房间的"U"字形二层楼买了下来，楼上即为致美斋的"雅座"。据解放前常来致美斋的老者回忆，当时的店铺已经有了相当的规模，分为东西两个院子，四合院式的两层楼，青砖为底，朱门两扇，致美斋的牌匾高悬于门庭上端。西边的院子，是个坐北朝南的红楼，大红的雕漆门，门里曲径通幽，室内贴有名人字画，设有红木方桌、凳，清静舒适。有的房间用木隔扇相隔，遇有宴席便将隔扇拉开。碗、碟、杯、盘、象牙筷子等都印有"万寿无疆"的字样，十分精致。

致美斋的这三位店主，齐心经营，善于管理，厨师中高手云集，技术精湛，各种菜品十分讲究色、香、味、形，开发出了一批具有特色的菜肴，最有名气的菜肴首推"四做鱼"。据《都门琐记》在介绍北京名菜时写道："鱼之做法最多，'致美斋'以四做鱼名，盖一鱼而四做之。子名万鱼，与头尾皆红烧；酱汁中段；余或炸炒，或醋熘、糟熘"，四做鱼是该店的传统拿手美馔。其鱼四做是：红烧鱼头、糖醋瓦块、酱汁中段、糟熘鱼片。鱼头红烧，贵在鲜而不腥；瓦块，系以方块鱼片，先炸后烧，味兼甜咸，形如瓦块；中段用鱼身肉厚部位烹制，上浇甜酱浓汁，味道醇美；糟熘鱼片，其味鲜无比。这四种做鱼方法，各有特色，深受顾客称赞。

致美斋的鱼菜，全用活鱼烹制。其院内洼处有一约6平方米长方形木制鱼盆，鲤鱼在水中畅游，既可观赏，又可供顾客选用。顾客点了四做鱼，伙友即从盆中捞出活蹦乱跳的大鱼，再请顾客当场验证鱼是否新鲜，大小合适不合适。选好之后，把鱼向地下一摔摔死，然后送往厨房烹制，这一摔表明就是拿这鱼做菜，决不更换，以昭信誉。当然遇到熟客，彼此了解，这个"仪注"是可以免的。

清炒虾仁和烩两鸡丝，也是致美斋的拿手菜。虾仁纯用新鲜的河虾炒制，不加辅料，既香且脆。烩两鸡丝系以生鸡丝和熏鸡丝合烩，腴而不腻，特别清爽适口。生鸡丝，切的是鸡胸脯肉，其色洁白，其味鲜嫩；熏鸡丝则色兼红黄，其味香厚；这两种鸡丝的色香味，各自不同，而合之双美，既显手艺，亦见匠心。

致美斋的拿手好菜还有云片熊掌、百鸟朝凤、游龙戏凤、三丝鱼翅、寿比南山等。店里能做出100多种菜肴，而且制作精细、原料考究，主料、配料、调料齐全，操作过程严格。如制作三丝鱼翅，首先要将海参洗净，鲍鱼撕去毛边，把海参、鲍鱼、冬笋均切成细丝，干贝去掉边上的硬筋，用水洗净泥沙。其次，鸡、鸭用水氽透捞出，用水洗净。再次，干贝放在碗内加入3至4两凉鸡汤，上笼蒸烂取出，滗出原汤待用（光用汤）。还有，锅底垫好箅子，把发好的鱼翅放入，上面再放箅子，将鸡、鸭、火腿、葱、姜放在上面，加入3至4斤清水。用大火烧开后，再用小火煻，直到把鱼翅煻烂为止。最后，冬笋、海参、鲍鱼丝分别用开水氽透捞出，把锅内水倒掉，然后放入鸡汤，把冬笋、海参、鲍鱼丝倒入，烧开后加入料酒、盐、白糖、味精，略开片刻，兑好味，用水淀粉勾芡，淋上鸡油，先盛入盘内。再将锅洗净上火，把烧鱼翅的汤过箩后倒入锅内，把鸡、鸭、火腿去掉，将鱼翅连箅子一起放入锅内，倒入干贝汤，加入料酒、盐、白糖、味精，用微火略烧片刻，使鱼翅入味，然后把鱼翅取出翻扣在盘内三丝上。锅内的汤兑好味，用水团粉勾芡，淋上鸡油，浇在鱼翅上，这道菜才告完成。其特点是：汤浓味鲜，鱼翅软滑。

致美斋的点心，以焖炉烧饼和萝卜丝饼为最好。早在清咸丰年间，饭庄的龙须面就驰名京都。制作方法是用冷水调和1千克面粉，和成面团，之后全凭制作师傅调、遛、摔、抻的手上功夫，经13次拧扣后，抻出8192根细如发丝的面条，如首尾逐根相连，长度达20余公里，堪称"中国一绝"。前辈师傅们将该绝活代代相传，至今致美斋师傅抻出的龙须面依旧很出色。致美斋尤擅面点，雪花龙须面、烩杠头、萝卜丝饼、银丝卷等都为大众所称道，这些菜点至今都有所保留。焖炉烧饼是一种甜味的芝麻饼，大小只如牛眼，几个连在一起，有豆沙、枣泥、白糖等馅；萝卜丝饼，用萝卜切细丝,加荤油、葱、盐等调料作馅;俱在焖炉中烘烤而成,皮酥馅香,为老北京人喜欢吃的食品。每逢中秋节,致美斋也做月饼,这时来吃饭,伙友总会端一盘刚出炉的热月饼来请顾客品尝。

据刘叶秋先生在《致美斋话旧》一文中提到,致美斋不仅肴馔精美,服务态度也非常好。无论掌柜、伙计都很和气,总以笑面相迎,殷勤相待。入座之后,先沏一壶茶,容你喝茶休息一下,然后来请点菜。饭罢,伙友又提来开水冲茶,仍可品茗闲谈。如果还有余兴,可以向伙友要一把胡琴来,唱唱京戏,店家自不厌烦。上世纪30年代,致美斋的一位老掌柜(已不记得其姓名),谈吐不俗,很有风趣,喜欢给人相面。客人都喜欢听他清谈,遇到熟人,只要他不忙,必来陪坐,还要上一道"敬菜",如烩乌鱼蛋之类,以示亲热,这是不收钱的。所以人都道"吃致美斋"真有宾至如归之感。有时家中来客,制馔不及,或过年节,自己不愿做菜,到致美斋去叫几样,伙友就挑着圆笼(一种木制的圆盒,旧时饭馆多用以挑送菜肴)送来,菜价依旧,并不加钱,随意付一点酒资,他们是很高兴的。

光绪二十八年,致美斋再次扩大,增设了分店,又有了一座三层楼,匾额由清末书法家王序题写。民国时,致美斋达到鼎盛时期,由山东人王东南出任经理,店铺员工达到100多人,后逐渐形成独具特色的京味菜肴。皇亲国戚,民国政要、艺苑名流、商贾富户都是这里的常客。在描写饮食业老字号的话剧"天下第一楼"中,也提到了当年北京的名流,商家以能去致美斋品尝菜点为荣的情节。

20世纪30年代初期,致美斋的生意尚好,军阀吴佩孚就特别喜爱致美斋的菜点,经常在店内宴请亲朋,致美斋由此就更加遐迩闻名了。以后由于日军入侵,时局混乱,市面萧条,经营渐感不支,终于在1943年倒闭。1950年,致美斋的部分旧人于煤市街路东旧址重整旧业,四做鱼、清炒虾仁、烩两鸡丝、三丝鱼翅风味依然,亦不能复振,不久又停业。

1982年,随着改革开放形势的发展,为适应国家旅游事业发展的需要，致美斋重整旗鼓，在前门外粮食店街恢复了经营，与老字号"六必居"酱园相邻。饭庄昔日的著名菜肴又得以恢复，还保留了已有2000多年历史的山东潍坊地区的传统风味面食——"杠头"。这种面食制作起来比较复杂，要求极为严格。烤制好的"杠头"呈金黄色，外焦里嫩，筋道利口，趁热食之更有妙味。开业伊始，曾由年过古稀的原致美斋掌灶厨师，北京餐饮业很有声望的鲁菜大师马德明先生领衔，挖掘和整理了原来老店经营的菜谱，恢复供应"四做鱼"、"游龙戏凤"、"芙蓉鸡片"、"小烧猪肉"等传统名菜，并在传承传统菜点的基础上推出"拔丝西瓜"、"芙蓉鱼饺"、"素樱桃肉"等创新菜品，并且恢复了山东杠头、翻毛月饼、萝卜丝饼、银丝卷、龙须面及其他受老百姓欢迎的面食品种，所供菜肴达300余种。有贺致美斋复业的诗句中说到："明湖酒食味同甘，致美名题醉墨酣，佳客常为文字饮，亦为名士在济南。冷灶无烟骚客时，庖厨重理饮杯宜，醉题旧句纱笼末，一扫尘埃壁上诗。"

人世沧桑，原无足异。20世纪90年代，致美斋又因诸多原因而再次停业，租给了一家四川人开设了"大重庆饭庄"。后来由北京全聚德集团公司派出的负责人宋金湖先生在致美斋开设全聚德分店。令人宽慰的是，为使传统优质风味菜肴免于失传，北京翔达投资管理有限公司投入重金，使得百年老店致美斋再次重新复业，昔日菜品，应有尽有，并请回了多位原致美斋的老技师作为技术指导，将传统美味与当今时尚菜肴巧妙结合，使广大食客既品尝到失传菜点，又能享受到现代餐饮氛围。

2004年5月份，致美斋于北京市老宣武区白广路6-6号得以异地重张。当天座无虚席，很多客人不得不排队拿号等待用餐。其中的很多店情故事，令人欣慰和感动不已。

记得有一位80多岁名叫张音中的老人，开业当天专程从十里以外的住地独自赶来，最喜店里的焦熘丸子。张老一直对店里的菜品评价很高，多年来不改对致美斋老菜的喜爱，受其影响身边的老友也常来光顾。

还有一位俞性的中年男士，开车20多公里从海淀区赶来，专程给家中的老人打包菜品。俞先生家三代人的婚宴都是由致美斋操办的，日后儿子举办婚宴还是要到致美斋来，图个老店人缘好，运气旺，在这里办喜宴心里踏实，全家过节聚会也多选此地。店内常有一家三代七八口人用过餐后饶有兴趣地在餐厅包房大厅里或门脸前合影留念的场景。老人家讲，"在你家店门前留张影，我们又想起了曾经年轻的时候。"感怀岁月沧桑，百年也不过瞬间光阴流转，如果老店旧日的身影能伴随客人过往一段难忘的岁月，身为经营者，我们也倍感欣慰了。

大概也就是"佳客常为文字饮"的缘故吧，那段时间不少港澳台同胞和旅居异乡的华侨，均慕名而来，指定要点致美斋旧时的菜品。一面品尝着祖国的百年佳肴，一面倾吐着游子离乡的思念之情，实乃一种享受。

一位台湾学者曾拿着一本台湾出版的书，几经周折找到致美斋饭庄，并按照书上的介绍点了四个菜。由于菜谱革新，其中两个菜当时已经没有了，但是客人还是非常高兴，认为不虚此行。还有不少文化名人用餐后赋诗留言，为致美斋增添了浓厚的文化韵味。如著名书法家孙砚农就曾留诗一首：致精朵颐争品尝；美味不言传四方。斋洁技湛擅南北，御膳名点集一堂。这首诗也成为了致美斋美食文化的缩影和展现。

如今，致美斋继承老店优质服务的优良传统，坚持"以顾客利益高于一切"的原则，用超前的理念及思路，现代化的管理及人性化的服务，准确的经营定位及务实的计划，以及优秀的企业管理和服务理念立足于市场，并以优雅的环境，优质的菜点及低廉的价位服务于广大的消费者，让致美斋这棵老树开新花结硕果。正如著名书法家启功先生的诗曰：致美早名扬，烹调擅四方。老饕非过奖，不信自来尝。

【第八篇】

老店之魂

"吾敬老字号之才，吾惜老字号之识，吾叹老字号之遇"，没有比当年梁启超先生评述清末权臣李鸿章的句式更适合表达一代人对于老字号的感情了。祖国各地、大江南北，一家家老字号无声地记载历史、传承文明。翻开任一家老字号的掌故，老字号创始者的技艺才华、眼界见识，无一不让人敬叹、赏惜。如同仁堂不仅有"修合无人见，存心有天知"自律准则，多年来还秉承着"炮制虽繁必不敢省人工，品位虽贵必不敢减物力"的古训；六必居有"黍稻必齐、曲蘖必实、湛之必洁、陶瓷必良、火候必得、水泉必香"的"六必须"；胡庆余堂有"戒欺"匾，此类示例均可作为国人早年诚信为商的典范。

企业文化，是百年老字号永续经营，深入人心的灵魂，也是致美斋这家两百多年的餐饮老字号虽几易其主，仍断续存在的根本。如果将资金、人、产品、市场等认为对企业无比重要的因素比作灵魂，必然都会遭到反驳。在百年企业的漫长历程中，这些因素几乎都受到过挑战：企业可以贷款渡过困境，企业可以更换领导而不衰，企业可以更换产品仍保持活力，企业可以在不同的市场寻求发展……还有许许多多的因素对企业至关重要，但要说哪个因素与百年老字号企业同生同止，惟有老字号的企业文化。从一定意义上来说，保护、促进老字号企业的发展，宣传、倡导老字号企业的诚信经营理念，就是保护诚信经营，鼓励诚信经营，支持诚信经营，倡导诚信经营，就是增强全社会诚信意识，促进诚信社会的建设，对构建和谐社会具有积极作用。

有人调查过日本最著名的100多家企业，发现这些企业都很重视企业精神的培育。日立公司有"和、诚、开拓"的日立精神；卡西欧公司有"创造与奉献"的卡西欧精神；丰田公司有"好产品、好主意、彻底节俭"的丰田精神。在美国，托马斯·彼得斯和小罗伯特·沃特曼也认真地分析了美国43家优秀公司，发现优秀企业间的管理风格不同，而决定管理风格的正是优秀的企业文化。

曾有西方学者将管理比作漂浮在大海中的冰山，组织结构、规章制度等有形管理仅是露出水面1/3的冰山，而企业文化等无形管理则是另外还隐在水中的2/3。企业文化在管理中扮演着重要角色，不只是占有重要的份额，还是管理的根部。但作为灵魂，这还不够，因为企业文化在企业的各个层面上发挥作用，贯穿于整个企业的经营活动。企业文化主要体现在企业的四个层面上，即企业精神、企业制度、企业作风和企业形象。

企业精神

企业文化是企业的灵魂，因为企业的经营活动是企业文化的反映；同样，企业精神是企业文化的灵魂，因为其他企业文化层是企业精神的反映。

企业精神是企业文化的核心层，由呈观念形态的价值观、信念等构成，主要在企业经营哲学、宗旨、方针、目标等方面体现。价值观贯穿于人的整个活动过程的始终，也贯穿于管理活动的始终。因而，称企业精神是企业灵魂中的灵魂，是毫不过分的。

IBM公司总裁小托马斯·沃森说："一个企业的基本哲学对成就所起的作用，是远远超过其技术或经济资源、组织结构、发明创新和时机选择等因素所能起的作用。"企业的基本哲学自然是非常重要的，但是要有现实价值才有生命力。一些企业将企业文化包装得非常漂亮，并以为这就可以提高企业的价值。但如果这些企业文化是没有根基的、没有实用价值的，那仅仅是做给别人看的花架子，不是真正的企业文化。企业文化最重要的是，它是一种理念，一种促进企业发展的理念。

持久保持旺盛生命力的企业，都有自己的企业精神，并且它们的企业精神既具有稳定性又具有变动性。无论外界如何变化，百年企业都有着自己坚定的信念，并以此克服了重重困难，也凭此迎来了种种机遇，经受历史考验，它们的企业精神具有稳定性。但如果是绝对的稳定，那反而会成为发展的束缚，导致企业难以适应新的环境，最终被淘汰出局。因而这些百年企业并非一味固守成功的理念，而是根据时代的发展，不断地在原有的企业精神上增加新的内涵，甚至革新。注意，此处的革新并非一味抛弃，而是有了足够的精神沉积后，发生的跳跃。而那些"过时"的精神沉积只是"过时"，但仍是企业宝贵的财富，仍能在"新"的企业文化中找到其踪影，以新的形式出现。

致美斋老店更是将"顾客至尊"、"人才为本"、"同舟共济"、"弘扬文化"十六字方针作为核心精神，长久坚持。

企业制度

企业文化的第二层是企业制度，是企业价值观和信念的反映，体现了企业的行为准则。企业精神首先通过企业制度反映，将抽象的意识转变成具体的条文。企业制度可以使价值观和信念更明确、更具体，使员工对企业文化有更清晰的认识，而认识是认同的必要条件。企业制度具有约束性，可以规范企业和员工的行为，保证企业正常经营，保证企业文化得到实践。

致美斋老店企业制度明确，各部门严格执行。尤其在传统菜品的制作上，严格遵照店规，如最脍炙人口的"四做鱼"，即将一条1500克左右的草鱼，以不同部位分别烹制成红烧头尾，糖醋瓦鱼块，酱汁中段，糟熘鱼片。头尾红烧，贵在鲜而不腥；瓦块，系以方形鱼片，先炸后烧，味兼咸甜，形如瓦片；中段用鱼身肉厚之处烹制，上浇甜酱浓汁，味最醇美；糟熘鱼片，则一色纯白，鲜嫩异常。这四种鱼馔，色香味各自不同，各有特点。店里的大师傅还能按照古法用鱼腹内的肝肠肚肺等下水做成鱼杂汤,加醋撒胡椒面,略似一般的酸辣汤而味带鱼香,可以醒酒。还有五柳鱼、抓炒鱼、小烧肉、龙须面、杠头、银丝卷、萝卜丝饼等口味出色的菜点,各有一绝。

企业作风

企业文化的第三层是企业作风,呈行为形态,体现为员工的工作方式、社会交往方式、应付事变的方式等。

企业作风通过行为体现,包括企业的行为和员工的行为。虽然行为的主体不同,但事实上都是人的行为的间接表现或直接表现,企业行为的决策者仍然是人。因此,行为必然受到人的意识的影响,反映出主体的价值观和信念。

企业行为直接与企业目标相关,长期目标和短期目标引起的行为不同,全局目标和局部目标引起的行为也有差异,而目标无疑与企业的价值观密切相联。百年企业将目光更多地集中在长期目标和全局目标上,为了长久和整体的发展,能够容忍短期和局部出现负利益。虽然企业都知道长期的、全局的更为重要,但真正以此制定行动的,则很少,因为企业总以变化太快为借口,害怕眼前利益稍纵即逝,而未来又不确定。不同的价值观决定了不同的企业行为,不同的企业行为又决定了企业的现在和未来。

员工行为是员工价值观的直接体现。当人的需要没有得到满足时,会产生一种紧张感,由此引发动机,从而产生行为,行为指向目标。无论是需要,还是动机、行为、目标,都与个人的价值观紧密相关,即使是同样的事物,每个人也有不同的看法。而人的这些看法又不可避免地受到环境的影响,特别是与自己生活工作相关的环境。在工作中,最重要的文化环境就是企业文化。所以不同企业的员工,对事物的态度、处事的行为会有所不同。高瞻远瞩的企业文化,会影响员工重视未来、重视顾客、重视企业利益;而鼠目寸光的企业文化,会令员工重视现在、重视利润、重视个人利益。面对同一个顾客,高瞻远瞩企业文化影响的员工会热心帮助顾客、宣传企业,而鼠目寸光企业文化影响的员工则是只顾推销产品。员工的行为不仅仅代表个人，他还代表着一个企业。

企业的行为从宏观上代表企业，员工的行为从微观上代表企业，虽然行为主体不同，但都同样受到企业文化的影响。卓越的企业不仅重视影响重大的企业行为，也一样重视细微的员工行为。仔细分析这些能长期发展的企业，不难发现，它们并不是因某一行为而成功，而是靠日复一日地保持良好的企业作风取得成功。

企业形象

企业文化的最外层是企业形象，呈物质形态，体现为产品设计、质量、厂容厂貌、员工服饰等。

企业形象是企业文化最直观的体现，可以通过视觉、听觉，甚至味觉、嗅觉传递企业文化。这是人的感觉器官接收到的最直接信息，并由此做出相关的判断。百年企业都有自己独树一帜的企业形象，让人一接触到相关标志便产生联想。在碳酸饮料业，红色的、运动的可口可乐，蓝色的、年轻的百事可乐，是两个最大的竞争对手，虽然它们经常在同一个地方出现，但不会有人将它们弄混，因为它们的形象有着鲜明的差别。

企业形象是一个综合的概念，要打造一个统一、鲜明、有生命力的企业形象，还需要从理念形象、产品形象、服务形象、员工形象、经营管理形象、公共关系形象、环境形象等方面共同入手。而这些形象有很大一部分需要历史沉积，是过去形象在今天的延伸和发展。有的企业大张旗鼓地搞企业形象，虽然有名家设计、有巨资投入，但效果不佳，因为它还没有达到整体形象的整合，例如理念形象、员工形象都不能短期形成。百年企业的百年形象是一笔巨大的资本，而真正还在继续发展的百年企业，关心的不是如何利用百年形象，而是如何维护百年形象。

形象具有客观性和主观性，客观上，企业形象是企业的反映，无论是真实的还是虚假的，我们都能获得与企业相关的信息，虚假也是一种反映，一种不长久的反映；主观上，企业形象是公众和内部员工对企业的评价，评价的主体不同，其结果也不一样。因此，长久的形象应该是企业真实的反映，靠宣传炒作出来的形象不可能长期存在；形象应该对内对外一致，光是在外鼓吹，没有内部人的认同，那也终将是一个泡影。所以不难理解，百年企业的形象能长久生辉，正是因为它的形象是真实的，是内外一致的。

  胡庆余堂董事长冯根生自豪地认为，是文化的力量使胡庆余堂与众不同。胡庆余堂认为企业文化是一种滋润，通过企业文化在外部树立江南药王的地位，在内部让员工认为做药是一种高尚的职业，为做胡庆余堂人而自豪。百年形象与中医药文化结合，是胡庆余堂企业文化成功的关键。为了弘扬中医药文化，胡庆余堂恢复和创建了中药博物馆、胡雪岩故居、国药号、名医馆、针灸推拿馆、药膳厅、叶种德堂等象征百年老店的文化建筑，这些古建筑群有古朴秀美的楼、廊、台、榭，还有古色古香的匾额、字画相配。在此基础上，已形成了一条独具特色的中药文化旅游线，该线的导游、解说员都需经过胡庆余堂培训和考核后才能上岗，以保证能准确地宣传中药文化。这条旅游线每年都能吸引数十万的游人，成功地向人们展现了江南药王的形象。胡庆余堂强调企业文化不是靠宣传和硬性灌输，而是以一种自然的方式进行，让员工从心里感觉到这是一股滋润心灵的甘泉。进入厂区的入门券和食堂的饭票上，都经过精心设计，印有中医药常识和胡庆余堂的历史图片，让员工在潜移默化中领悟到中医药的博大精深，让员工在生活中感受到胡庆余堂的历史文化。专门开辟出百草园，由老药工精心挑选，在园中种植尽可能多的中医药材，展现医药材生命的原貌，吸引了众多来客，更是教育了员工。

  百年老店的百年形象创建不易，维护好百年形象更难。只有重视企业形象、珍惜企业形象的企业，才能树立让公众、让员工认同赞誉的形象。如果要探讨中小企业为何创立形象难，恐怕难的不是创立的方法，而是创立的理念，即是否通过形象体现了优秀的企业价值观。

【第九篇】
老店的继承和发展

  一位业内领导讲过，饮食服务企业在经营上一定要有群众观点，把老百姓喜欢的事做好。这句话也充分揭示了餐饮老店生存的真谛——面向大众、特色鲜明。据有关资料介绍，我国有中华老字号企业2000余家，如今能够正常营业并保持传统特色的仅占30%，原六大古都中的餐饮老字号有50%的企业已经名存实亡。餐饮老店面临的传承工作任重而道远，其修远兮。

  归结老字号餐饮企业的成与败，都缘于一个"老"字。成者，"老"的经营方式、经营项目、经营品种和企业精神，为老店积淀了深厚的企业财富，企业没有浪费这笔财富，励精图治，跟上了时代步伐，继续发扬光大；败者，不少餐饮老字号企业规模小、经营品种单一、经营方式过于传统，无论在店容店貌、设备设施、人员素质还是经营理念、经营方式上，均与现代经营理念和经营业态背道而驰，在竞争中处于被动地位，力不从心，甚至于在市场的大浪淘沙中无奈地退出。

  针对我国老字号企业的发展现状，建议做好以下几方面的工作：

  1.建立完善的企业知识产权防范和保护体制。老字号企业在发展过程中应建立完善的企业知识产权防范体制,如商标的保护性注册、商标的国内外注册、域名注册、建立企业的知识产权档案,等;同时也要对当前的相关知识产权加以保护,如生产过程中的技术秘密、生产技巧、生产流程等与老字号企业发展有关的重要方面。

2. 以有限责任公司、股份有限公司为代表的现代企业制度,是企业在市场经济条件下做大做强的必要条件,即使是家族企业,要想做大做强,也必须实行现代企业法人治理结构。建立现代企业制度,是我国老字号企业在市场经济条件下更快更好发展、做大做强的必由之路。即使是现在不走这条路,在企业发展到一定阶段后也必须走,早走早主动。造成目前我国大多数老字号企业经营发展困难的一个重要原因,是发展资金匮乏,从这种意义上说,老字号企业建立现代企业制度,不仅能够为企业发展获得股份资金的投入,也为企业进一步发展拓宽了融资渠道。

3. 挖掘品牌价值,延伸产业链条。中华老字号企业是一笔巨大的财富,既有历史物质和文化遗产的价值,又有社会人文价值;既有现实的经济价值,又有潜在的巨大经济价值;既有有形资产的价值,又有无形资产的价值。这些价值的核心就是老字号企业长期发展形成的品牌价值。在市场经济条件下,老字号企业充分挖掘,大力开发老字号的品牌,突破部门、地区和行业的限制,延伸产业链条,扩大产业外延,实现品牌的延伸和增值。以无形资产吸引、带动有形资产,向规模化、集团化和国际化方向发展。

(1) 将产业链向上下游延伸。老字号企业可以根据自己的行业特点,结合企业经营的具体情况,在经营上突破行业限制,将产业链向上、下游延伸,如餐饮业可通过自建、并购或输出品牌、以品牌的无形资产入股等形式,建立自己的原料生产基地、加工企业,生产绿色安全食品。产品既可以供自己作为原料使用,又可供其他餐饮、食品加工生产企业,或对这些产品冠以本企业的商标进入批发、零售渠道进行销售。餐饮企业也可以设立自己的零售网络,销售自有品牌商品。现代企业可以跨行业发展,老字号餐饮企业也完全可以跨行业发展。

(2) 扩大产品生产经营范围。老字号企业要冲破传统产品和服务的经营范围，利用品牌知名度高、商业信誉好的优势，扩大企业的产品生产、经营范围。一是在传统产品基础上，根据消费者需求的变化，扩大产品种类，将传统领域的产品做到极致。如成立于1731年，拥有280年历史的德国老字号企业"双立人"，今天已生产包括厨房刀具、西餐具、剪刀、便携式小军刀等二千多种产品，"双立人"商标已享誉全世界。我国的优秀老字号"王麻子"、"张小泉"等老字号企业应当向"双立人"学习，积极扩大传统产品种类，扩大市场份额，提升产品价值。二是生产经营非传统产品。如老字号"稻香村"的传统商品是糕点，完全可以扩展经营思路，生产休闲食品等；"张一元"茶叶也可以生产饮料、食品。

(3) 丰富产品销售方式。我国的老字号企业，特别是餐饮业老字号，大多仍实行坐店销售方式，这种方式由于消费供应能力有限、消费者上门消费不方便等因素影响，制约了老字号的发展。餐饮业老字号完全可以将菜肴做成成品、半成品，进行包装销售。如狗不理广州酒家、五芳斋等企业已开发并形成了系列速冻食品，远销海外。

4. 重视产品（服务）创新。不变是相对的，变化是绝对的，无论是在封建经济、计划经济，还是在市场经济条件下，任何企业在其发展进程中，其产品或服务都应有所变化，而市场经济条件下，对企业服务和产品变化的要求更强烈。老字号企业的"绝活"在其形成、发展过程中也不能一成不变。自然环境、社会结构、人们的行为方式、思想观念、消费需求都在不断地变化，要充分利用现代科学技术快速发展、原材料丰富多样、消费者需求多样化、消费区域扩大的市场环境，利用现代科技成果，加大科技投入，改进生产方式，积极开发新的产品或服务，开发新的"招牌菜"，利用新技术改善老的"招牌菜"，开发生产拥有自主知识产权的"一招鲜"、"绝活"产品。一些餐饮老字号企业能够在市场经济条件下得到快速发展，充分重视产品创新就是因素之一。如"全聚德"每年要推出适合市场需求的创新菜品,对在产品创新中做出突出贡献的员工给予重奖。通过技术创新,全聚德开发了集各大菜系之精华的数百种创新菜肴,极大地丰富了全聚德的菜品种类,巩固并拓展了市场份额。

5. 我国老字号企业的成长背景有这样的特点:一是在经济欠发达,流通和贸易相对封闭的环境下产生和发展,经营观念相对落后;二是所有制形式经历了私有制、国有,再到多元化的发展历程,自主经营发展的意识刚刚得到复苏,尚没有完全拓展;三是经历了"文化大革命"的浩劫在几近消亡的边缘上拯救回来,经营能力和经济实力元气大伤。因此,老字号企业带有封建经济、计划经济时代的市场封闭特性和需求选择性弱的特点,也形成了不利于老字号企业发展的、根深蒂固的、旧的传统经营理念。如盈利不是用于企业发展而是买房子置地的"小富即安";家门口经营的小农地域性观念;狭隘的"一招鲜"、"独此一家"的优势观念;技艺传家人不传外人的封建观念;家族式经营"肥水不流外人田"的封建观念;以不变应万变的不求创新的固步自封观念;计划经济条件下形成的等、靠、要的依赖观念等。因此,在市场经济条件下,我国的餐饮老字号企业要实现更好的生存和发展,就必须转变落后的传统经营理念,树立市场的、开放的、现代的、发展的、创新的、竞争的、自立的市场经济条件下企业生存和发展必需的经营理念。

6. 创新营销方式。在市场经济条件下,充分利用现代营销方式,创新营销方式,是企业开拓市场、扩大销售、提高市场竞争力的重要举措。客观地讲,一些老字号企业在这方面的意识不强。餐饮老字号企业在市场经济的发展进程中,应当将开拓市场、加快发展的工作重点向营销转变,积极运用现代营销方式、积极创新营销方式。(1)加强广告宣传。广告宣传是现代企业的重要营销方式,餐饮老字号企业要彻底改变"酒香不怕巷子深"的观念,增强广告意识,加大广告宣传和营销手段的投入。(2)定期或不定期举办企业文化展示周(日)、特色美食周(日)等宣传企业产品服务特色、文化特色的活动。(3)积极创造条件,开展供消费者参观、体验的旅游项目。(4) 根据企业情况，进行品牌形象更新、设计，包装新的品牌标识，吸引年轻的消费者。(5) 建立企业网站、博客、微博，宣传企业产品、活动，听取消费者意见。

7. 发展连锁经营。我国老字号企业大多是餐饮业、零售业、居民服务业等，这些行业在现代市场经济条件下非常适合连锁经营方式。老字号企业应积极实行连锁化经营，以老字号企业品牌无形资产吸引、带动有形资产，向规模化、集团化和国际化方向发展。实行连锁经营，目前对于大多数餐饮老字号企业来说资金困难是最大的劣势，但老字号也有着很强的品牌优势，品牌优势是决定餐饮企业连锁化经营成功的先决条件。餐饮老字号利用自己的知名度、良好的商业信誉、核心技术、优秀的管理、优秀的传统文化等品牌内涵优势的无形资产，去吸收、利用社会货币资本、人力资本，实现低成本扩张。目前不少发展较好的老字号餐饮企业，大都实现了连锁化经营。值得注意的是，餐饮老字号企业无论实行直营连锁还是特许加盟连锁，都应注重特色、文化、管理方面的统一，比其他企业更要注重社会形象的维护和提高，稳步前进，良性健康发展。未实现连锁经营的餐饮老字号企业，可以根据自身情况采取多种业态的商业经营方式。如致美斋的规模较小或产品适应面小的老字号餐饮企业，可以走向小而精、小而专、小而特的经营发展之路。

8. 提升中华老字号企业品牌形象。我们必须清醒地认识到，部分餐饮老字号企业在长期的计划经济条件下，由于体制方面的原因，特别是经过十年"文化大革命"的重创，保持产品和服务特色的积极性大大减弱，其老字号品牌形象不仅没有得到提高，相反却有一定程度的下降：产品或服务特色淡化、产品或服务单一、服务质量低、文化内涵和文化氛围减弱、商业信誉下降、知名度降低。但中华老字号企业的传统优势，在市场经济条件下仍是企业发展的条件优势，是企业核心竞争力所在。老字号餐饮企业品牌形象的提升途径有以下几个方面：

(1) 继续弘扬诚信经营理念。我国老字号企业得以长期生存和发展的一个重要因素，是坚持诚信经营。很多老字号的经营智慧都很简单,也很实际,因为他们能够持之以恒,坚持百年而不变,因此赢得了信誉。赢得信誉就是经营智慧。"信誉"是中国人处世立业的根本,是人际交往中的重要美德,所以孔子说"民无信不立","人而无信,不知其可也"。讲究信誉是中华民族的优良传统,也是老字号存留下来的主要原因。受传统文化影响的老字号商铺,恪守"信誉"二字,并自觉地将"信誉"引入商业交往中,遵循先儒的教导,先义后利,故而财源广进,长久发展。商人自古就分为两种类型:一是廉贾,又称诚贾、良贾、良商;二是贪贾,又称佞商、奸贾、奸商。至今留存下来的老字号没有一家是靠"贪"、"奸"立世的。这也反映了老字号在商业上的远见。他们并不惑于眼前小利,看重的是商业上的最终成就。

(2) 提高产品质量和服务标准。在产品质量或服务上,老字号餐饮企业不能以普通企业的标准来要求自己,不能等同于同业内其他企业,必须以更高、更好的产品质量标准和全方位的服务标准来要求自己,突出产品和服务特色,彰显文化内涵,强化文化氛围。有条件的老字号企业特别是餐饮老字号企业,可以恢复健康的服务形式和服务内容。老字号企业要提高产品质量和服务标准,建立现代管理体系,采用国际管理和服务质量标准,实行科学化、制度化的现代化管理。

(3) 宣传企业经营特色和文化。随着历史的发展,人们消费选择的丰富,详知老字号企业产品和服务特色、文化的人群越来越少,特别是广大的青年一代。这种状况并不说明大多数老字号的产品、服务对于新生代消费者不需要,而是消费者对中华老字号企业的特征了解甚少。因此,老字号企业必须注重对自己产品和服务特色的宣传、注重自己企业所承载的优秀文化的传承和弘扬,利用菜单、产品说明书、服务指南、员工介绍、产品公开操作流程、广告宣传等形式,对产品的原料构成、原料产地、制作工艺、消费方式、企业的发展演变、招牌产品或服务的形成过程、名人到访等情况进行系统的介绍宣传,有条件的餐饮老字号企业也可以与影视单位合作,拍摄反映企业发展的影视剧或宣传片。

致美斋的做法

作为京城餐饮老字号企业的代表，始建于嘉庆 13 年（1808）的致美斋同样面临着继承和发展的问题。处理不好这些问题，我们的企业经营就会陷入困境，积淀了二百多年数代名厨的智慧成果就可能会丢失，这将是我国优秀传统文化的重大损失。在此也恳请国家有关部门引起重视，致力于餐饮老店经营的广大工作者也要行动起来，集思广益，共同探讨研究这个问题。

致美斋饭庄的名馔之多在北京乃至全国享有盛誉。本店民国时期的菜谱就包含有 300 余种菜点，近几年的新出菜品数目就更多，且品类丰富，这些成果都是历代厨师对老菜创新的尝试与实践。致美斋有传统菜肴数百种，名菜首推"四做鱼"又称"四吃鱼"，即一鱼做成四味菜肴，红烧头尾、糖醋瓦块鱼、酱汁中段、糟熘鱼片这四味鱼馔，色香味各不相同，被誉为本店看家菜。其他名肴有糟熘三白、五柳鱼、琵琶大虾、清炒虾仁、烩两鸡丝、游龙戏凤、拔丝西瓜等均有独到之处。致美斋在烹饪中使用的近 40 种烹调方法，都是在继承传统烹饪技艺的基础上，历经数代厨师完善研发而形成。饭庄的焦熘丸子、龙须面、萝卜丝饼等菜肴也备受中外宾客欢迎，其烹调制作方法和口味特点，既保留老味，又有改良，可谓是万变不离其宗，在遵循古方的基础上得以科学的完善。

致美斋老员工张志广同志在第二届全国烹饪大赛上烹制的芙蓉干肉、翡翠虾球以及创新冷拼秋蟹映月等菜肴均荣获了大赛金牌。他还曾作为中国烹饪代表团成员，参加 1986 年卢森堡世界美食杯大赛，凭借巧妙的构思，娴熟的技艺，作品龙凤呈祥拼盘和天女散花装饰台，都曾荣获金牌。这些奖项的获得说明了老店致美斋"以味为先"的经营思路是符合人民大众对于美食的消费理念的。

致美斋以菜点的精致雅美得名，老店师傅的技艺了得，制作的菜品个个精湛，是老店宝贵的非物质文化财富。早在清咸丰年间，饭庄的龙须面就驰名京都，制作方法是用冷水调和 1 千克面粉，和成面团，之后全凭制作师傅调、遛、摔、抻的手上功夫，经 13 次拧扣后，抻出 8192 根细如发丝的面条，如首尾逐根相连，长度达 20 余公里，堪称"中国一绝"。前辈师傅们将该绝活代代相传，至今致美斋师傅抻出的龙须面依旧很出色。致美斋尤擅面点，雪花龙须面、烩杠头、萝卜丝饼、银丝卷等都为大众所称道，这些菜点至今都有所保留。

在继承方面，致美斋始终秉承"以味为先"的经营理念，这也成为这家百年老店得以生存和发展的精神支柱。同一原材料，调味不同，风味就不同，不但有原味，还有复合味，不同时节调味也不同。如春味多酸，夏味多苦，秋味多辛，冬味多咸。在日常工作中致美斋饭庄继承了菜肴制作过程中选料精细、注重火候、烹调方法多样、刀工精细、配料巧妙、调味方法丰富多彩等传统工序，不敢丝毫偏颇。为求得传统菜的味道正宗饭庄不惜物力，不省人工。例如：糟熘鱼片这道菜的糟，仍采用古法将泥糟、黄酒、香叶、大料、苹果等原材料蒸后吊制而成。熟客非常认可这种老味，更专程为此味而来。虽然工序是复杂了一些，但菜肴味道正宗，深得新老客人的首肯。多年以来，致美斋的每道菜品，无论传统菜还是创新菜都以恒定味美为宗旨，恒常求变，变中守常，保持至今。

在发展方面，人才匮乏已经成为制约老店发展的一大难题。在致美斋经营的实践中，一些身怀绝技的老师傅后继无人。再加上这些师傅文化程度较浅，只能身授，不能言传，一些好的绝的烹调技法频临失传，当下培养一大批继承和发扬中国烹饪优良传统的接班人尤为重要。

北京翔达投资管理有限公司为了继承和发扬我国优秀的饮食文化遗产，投入重金，再度恢复致美斋。近几年来，得力于上级管理部门领导的重视及致美斋广大员工的共同努力，老店有了较大的发展，经济效益不断提高。致美斋重视提高员工对继承和发扬传统烹饪技艺的认识，让员工积极掌握传统的烹调技法，并给予发挥，提倡苦练基本功，以菜品树人品、店品。

对老店的继承和发展讲求按规律进行，以新代旧，尊重市场规律，把消费者的需求作为经营的出发点。新陈代谢，推陈出新是企业发展的必然。要发扬老店的精神首先要继承老店的优良传统，改掉那些糟粕，甚至是违反科学规律的传统菜点。致美斋深刻感受到传统菜必须面对顾客的消费需求进行调整，如一些传统菜品当今的广大宾客并不买账，还有一些菜品几乎无人问津，就不得不改变老菜谱，不能唯传统是尊。例如芙蓉鸡片，不少客人就认为炒鸡蛋片有什么吃头呀？！还有锅㶽豆腐盒，客人也认为豆腐夹着肉馅就卖那么贵，不值得吃。我们反对并杜绝华而不实、矫揉造作、庸俗不堪的菜点。老店的经营理念必须与时俱进，必须适应当今广大消费者的口味需求。继承不是复古，继承必须以发扬为目的，发展必须以继承为前提。

继承和发展烹饪的优良传统是一个宏伟的工程。在科学技术高度发展的今天，科学配膳、讲究营养是人类社会发展给我们提出的新课题。弘扬老字号，各方面都要采取有效措施，挖掘老字号企业的文化内涵，弘扬老字号的优良传统，宣传老字号的经营风格，突出老字号的经营特色，不仅要让老字号的品种工艺和服务项目得到继承，更主要的是要让老字号有一个同新字号、洋字号竞争的平台。

【第十篇】
我的经营理念

　　谈及这些年来的经营，零零碎碎的感受有很多，在这里不能够一一涉猎到，值此穿针引线了。寄希望于年轻人多动脑，而非人云亦云，要总结自己的方法。天下没有完全相同的两家餐厅，管理工作，自然也千人千法，没有固定的章法。坚持实事求是，符合企业自身发展情况的方法，就是好的方法。当然，餐厅经营中的共性规律还是普遍存在的，学习这些规律和经验，在于吸收他人的管理精华，为我所用，成为自己企业的一部分。倘若不假思索，生搬硬套，则是徒劳而无益。时代在发展，市场风云变化，摆在餐饮人面前的责任更大，更艰巨。《周易》曰："天行健，君子以自强不息；地势坤，君子以厚德载物。"简而言之，餐饮人的职业道德还是第一位的，要以德立业。抛砖引玉，谈一谈个人从事餐饮工作40多年来的心得体会，还望与同行的前辈和仁人共同探讨，惟愿对年青人有所启鉴。

我的管理理念

　　一、管理者首先要"道之以德"。只有管理好了自己才能管理好别人："其身正，不令而行；其身不正，虽令不从。""子帅以正，孰敢不正？"管理者只有管理好自己才能管理好企业，"修己以敬"、

"修己以安人"、"修己以安百姓"。企业的规章制度是外在的控制，以道德价值为导向的控制才是最根本、最佳的控制。在企业经营中，管理员工的行为是表面的，不如关注员工的内心。

二、个人择业的职业观念要端正。观念是本，是根，本根不正，职业发展不会长出参天大树来，是无本之木。餐饮人士要从思想上热爱餐饮行业，尊重自己的职业。谈到尊重，大家一定要把职业看得长远些，职业不仅仅是个人谋生的手段，还是一种使命，是对社会的责任。择业不要鼠目寸光，只图眼前的蝇头小利，过多的计较待遇多少、上班时间长短、是否有公休假期等个人得失。我在担任中国烹饪协会举办的餐饮职业经理人培训班老师期间，也曾多次谈到职业观念的问题，这个问题要引起青年人的高度重视。特别是当今的竞争社会，青年人选择餐饮事业的出发点是什么？是出于对烹饪艺术的热爱和追求，还是为了找口饭吃？餐饮的就业门槛低，先找个能糊口的工作干着再说。如果是迫不得已而为之，自身对餐饮工作并不感兴趣，甚至认为餐饮业就是伺候人的行业，强扭的瓜不甜，抱有这类想法的人日后也定然难有建树，若因此而贻误了人生更后悔莫及了。

三、要想进步，就要敢于不断地学习和尝试。俗话说，"逆水行舟，不进则退。"老店如果仅限于维持，本身就是一种退步。餐饮业是一门综合学问，诸如医学、营养、雕刻、绘画、生物、营销等很多艺术门类都在餐饮行业中有所表现，选择了这个行当，就等于踏上了永无止境的探索之路。如今经营的新理念，管理的新方法，日新月异，层出不穷。如果满足于现状，如井底之蛙，企业便会止步不前，甚至倒退。我在餐饮行业工作了40多年，经历虽可算是略丰，但仍然感到需要学习的东西太多，甚至于每日的工作中都会出现新知识、新技术需要补充，否则就会陷入困境，无法和年轻的员工和顾客更好的沟通，对工作产生不良影响。前些年，公司引入了办公自动化管理软件，坐在办公室里就能对整个店面各个区域的经营状况、销售收入实时掌握，一目了然。以前没有接触过电脑，如今不仅学会了打字，还时常通过即时通讯工具和朋友在网络上交流,传输文件,高效而又方便。每天有空也上博客转转,查看圈子里的朋友们又推出了哪些新菜品,获益不少。认识到不足,在学习中创新,对老字号企业来讲比新企业难度更大,重要性也更大。为此,我们也采取了一些措施,如在规定时间内要求每位厨师推出符合致美斋老店风味特色的新菜,或是在借鉴其他菜系菜肴的基础上对本店老菜予以革新,老"菜"开新花。研发后的菜品,只有让客人满意,才能算作合格的创新菜肴。

四、与员工共荣辱,让员工掌握生存的本领。管理者要从思想上摆正自己的位置,不要把自己当成"领导",整天高高在上,不能低下头来听听下面的声音,接接员工和顾客的"地气"。管理者也是员工中的一员,管理思想的上传下达,全靠一线员工的有效执行,否则再好的管理方法也都是空话。从某种意义上讲,是员工成就了领导,领导才能的发挥离不开员工有效执行的"沃土"。如果领导者不能从思想上重视员工,爱护他们,员工是会感受得到的,他们往往会用消极怠工来对待工作,最后丢失了顾客,最终还是领导自尝苦果。从事餐饮业的年轻人想成功不容易,领导者要多给他们创造机会,鼓励他们刻苦学习专业技术,在为企业奉献青春的同时,也确实学到了成家立业的本领。即使有一天离开本单位了,他们已经掌握了觅食的本领,还怕来自于现实的考验吗?

五、餐饮经营者一定要想方设法贴近"衣食父母",有市场敏感性。都说《周易》老得没有牙了,然而直到今天,《离·象传》中"日月丽乎天,百谷草木丽乎土"的道理还很有用。一物附依于一物这颠扑不破的老道理依然还要屡屡呈现在所谓的"新生事物"里!时势造英雄,英雄所以为英雄,是因为英雄附依在时势上。民以食为天,餐饮企业以市场为天,餐饮企业的枯荣附依在市场需求的变化上。餐饮老字号就是因为贴合了百姓的消费心理,才得到了百姓的拥护。市场变化很快,经理人要善于观察和总结老百姓的消费心理,不抗拒新事物,不抵制新观念,扩大视野,掌握市场信息。经验说明,我们在经营活动中遇到的困难,总要比预先考虑到的多。惟独未雨绸缪,将百姓的口味需要放在心中,将市场规律了然于胸,才能与时俱进,推陈出新,经营上应对自如。身为老店,致美斋不尚古,不惟旧,在传统老菜的基础上增加了很多适合年轻大众口味的新菜,普遍口碑良好。工作中出现的各种问题都是形式,它们背后是老顾客消费需求变化的市场规律。走在市场的前面,工作便游刃有余,出现的各种问题也会用科学的办法予以解决。

六、同行不是冤家,彼此多沟通,在比赛竞争中提高。餐饮业是最为开放的行业,不能关起门来搞经营。当前整个行业的发展速度很惊人,菜品的变化、原材料的创意更新速度非常之快,即使我们走不到新潮的最前面,也要紧跟趋势和潮流。由于经营环境和背景相同,同行就是很好的交流对象。餐饮老店不能高高在上,放不下面子,很多优秀餐饮企业的做法都值得借鉴学习。在实际工作中,致美斋采取多种形式向同行学习,在学习中发扬自身的优势。我经常受邀请参加国家级协会组织的大赛,担任组织评判等工作,可以说每次都是边参评边学习,把有用的东西带回来,组织员工们切磋交流。另外,致美斋也经常组织员工参加大型美食比赛活动,在比赛中看清楚在行业中的位置,瞄准目标,看到差距,不骄傲自满,也不妄自菲薄,胜不骄,败不馁,对提高员工技术水平和增强企业凝聚力也有很大帮助。

七、不害怕出现问题,关键还在于及时更正。工作中出现问题是正常的事情,关键是我们以怎样的态度去面对它。如果员工反映的问题和客人的反馈意见中只有1%是正确的,我们也要虚心接受这1%正确的成分,予以纠正。餐饮经营者须明白一个道理,反映问题,哪怕是负面的批评,也是一种发自于客人内心的关怀,当加珍惜。试想如果客人不满意而一言不发,一走了之,以后从不再来,那会是谁的损失呢?客人善意的批评或建议,我们虚心的接受又何乐而不为呢?现实中不少领导只喜欢听赞扬,不乐意听批评,遇到客人投诉就认为是对方找茬故意刁难,甚至认为客人是想吃霸王餐的想法实不应有,这种想法破坏了店客之间的感情不说,也于自身社会声誉不利。管理者的胸怀要宽广些,多为顾客想想,顾客就会为自己也多想想。在致美斋，如果客人对某道菜品的质量有不同的看法，我们就尊重客人的要求，或者重做一道，让客人品尝是否满意，或是在客人下次用餐时主动送上一道客人喜欢的菜品，让客人高兴而来，满意而归。这种做法，得到了客人的认可，对致美斋的感情也日久笃深。

八、"勤俭节约"貌似小事，实则不小。节约是一种意识习惯，更是一种良好的品德。经营餐饮企业就像居家过日子，柴米油盐酱醋茶的各个环节都涉及到经营成本，稍不注意就会造成浪费，各种浪费加到一起，即使销售额再高，利润也会被拉下来。导致全体员工辛苦一场，效益却被"浪费"这只看得见的手白白拿走了。对于餐饮企业来讲，提倡节约的意识，现实意义更大。在日常工作中，勤俭节约已经成为致美斋规章制度的重要内容被规定下来。注重培养员工节俭的工作习惯，坚决抵制挥霍浪费的企业风气。能源、物资的节约管理也成为日常管理工作的重点。从采购、保管、加工生产到销售服务，每个环节的节约工作都有量化管理，要做到向管理要效益，就必须节约各项经营成本，做到物尽其用。退一步讲，节约的品质不仅仅对工作有利，年轻人在生活的各个方面都会从中受益，这也是为什么许多有成就的大企业家在大事上挥金如土，在个人生活上却非常节俭朴素的道理。

九、饮水要思源，企业要不忘社会责任。企业是水，社会是源，没有社会的哺育，企业无法生存和发展。企业经营者更要懂得"舍得"的道理，将财富取之于民，用之于民，履行社会责任，非但施舍不穷，财富还会滚滚而来。如若一味索取，企业的效益就是无源之水，总有一天会干涸。回报社会，应是每一个有爱心的企业家自觉自发的行为。为员工提供良好的就业环境，为顾客提供美食的享受，并力所能及的参与社会公益事业，能做多少就做多少，集流成河，整个社会就能形成互帮互助的良好风气。重张开业以来，老店致美斋在上级领导的重视下，出台了很多施惠举措，经济效益节节攀升。老店也开展了多种形式的反馈活动，对老人及特殊消费群体予以照顾和优惠。

关于如何做好经理工作

一、工作中要处理好各种人员的搭配，优势互补。男经理要"文"一点，女经理要"武"一点，缩小性别差距，管理风格综合全面些好。《周易·蒙》写道："刚柔节也，"就是指刚柔相济的道理，刚性中参夹了温柔，和顺中增添了果敢，便于我们处理很多事情。领导者有勇无谋不行，遇到问题胆小怕事也不行。

二、领导要以身作则，当好榜样和旗帜。孔子曰："其身正，不令而行；其身不正，虽令不行"。足见领导者的言行比规章制度还要重要。我曾经就职于一家大型粤菜企业，这个企业的董事长、总经理常年坚持和员工一起用员工餐，而且从不随便浪费粮食，饭碗里几乎没有剩下过饭菜，令员工很是佩服，领导的威信自然也很高。其次，作为一名企业带头人，要有强烈的责任心，摆正自己的位置，乐观积极，尽职尽责，无愧于上级领导和广大员工的信任，让领导放心，让员工满意。领导者就是表率，要为人师表，让人信服。

三、掌握第一手经营资料，不能做甩手掌柜。如果经理本人都没有掌握实际情况，就向员工乱发指令，员工是不会买账的。

四、主动缩小与员工之间的距离，在人格上平等对话，在权威上掌握主动，让员工有企业主人之感，有了抱成团的凝聚力，企业发展倘若顺水行舟。

五、掌握当前行业发展的最新信息，老店要学百家之长，要不断创新，不能固步自封。

六、企业要营造团结、紧张、严肃、活泼的工作氛围，让员工在和谐的工作环境中发挥出个人的主观能动性。掌握好管理的尺度，餐饮企业里的年轻人居多，企业氛围太严肃了不好，员工会感到受压制，但过于"活泼"也会产生很多负面影响，管理者的年龄结构和性格特点要搭配合理。

七、关心、爱护、培养员工。员工培训应形成制度，不能怕员工跳槽，要弄清楚员工跳槽的原因是什么，他们对企业的期望和具体要求是什么。领导者要不断聆听员工意见，为员工解决实际的困难。不听取员工的意见，而抱怨员工难管、动辄离职的做法是不可取的。

八、不苟私情，不搞帮派，秉公办事，一视同仁。管理层应有严格的纪律和规章制度，管理人员要定时开展批评与自我批评，及时发现管理上存在的漏洞，予以纠正。

九、员工要有知情权，让员工了解企业的日常经营状况。让员工利益与企业效益紧密结合，与经营者共担忧，企业才会充满活力，走上发展的阳光大道。

十、不断学习，根据餐饮业发展的规律，制定相应的应对策略。餐饮经营的规律是第一年打基础，第二年成熟定型，第三年达经营高峰期，第四年谋发展，第五年调整期。把握规律，顺应规律，让规律为我所用。

关于员工的队伍建设

员工是企业的基石。致美斋始终相信"企业经营成也员工，败也员工"的道理。大家都有这样的体会，在日常工作中，领导若不在现场，不参加生产活动，并不会影响大局。但若是缺了哪个岗位的员工就可能直接导致经营无法进行，因此组建一支稳定的员工团队，各谋其事，各司其职，对企业发展具有深远的影响和意义。下面就关于稳定员工队伍谈几点认识。

一、强势群体与弱势群体的关系会转化。作为领导，一定要一视同仁，处理问题公平公正，要换位思考，如果自己处在员工的位置，会怎么想，怎么做。由于职责赋予的权力，领导层代表着管理权威，是企业中的强势群体，但领导不可无原则的以势压人，否则适得其反，当员工不愿意在企业继续工作，贸然集体辞职，领导层就由强势群体转变成弱势群体，给企业造成损失。

二、正确认识市场经济条件下员工的价值。对待员工要一律平等，不应有高低贵贱之分。致美斋的员工多为二十岁左右的青年，他们把最美好的青春年华奉献给企业，作为经营者我们更应当给予员工关心、爱护和尊重，给他们提供学知识、学技术和提升自我的机会，让他们在本企业工作具有安全感和满足感。

三、对员工批评要从严，处罚要从宽。重思想教育，轻经济处罚。处罚不是好的手段，是没有其他办法的权宜之策。实践得知，致美斋的员工大多来自贫困地区，他们普遍受教育较少，文化素质不高，纪律意识淡薄，内心也比较脆弱，不加引导往往会是一盘散沙，如何提高这些员工的综合素质非常重要。公司采取鼓励为主，批评为辅的策略，积极引导，力戒伤害对方的自尊心，形成负面情绪，甚至影响他们对人生的看法。

四、给予员工合情合理的待遇，尽所能做好员工的生活保障。致美斋是同行业中较早给员工上社会保险的一批，虽然老店的工资水平较之不少社会餐饮企业没有太强的诱惑力，但是企业为员工长远利益考虑的思想是根深蒂固的，老员工也都很感激企业的这份深意。我们力求员工的工资标准向市场平均水平看齐，不低于相同规模企业的员工工资标准。根据企业业务发展情况及员工业务技能水平，适时上调工资。老店力所能及的解决员工的住宿问题，员工宿舍宽敞、洁净、舒适。员工工作餐编有食谱，并安排给客人做菜的师傅亲自下厨，做到粗菜细做，注重荤素及营养搭配。

五、领导要经常性地与员工沟通，了解员工的心理状况。通过实践得知，员工的流动不完全是因为工资待遇的问题。工资较高的企业，员工流动同样频繁。造成员工流动的原因有很多，其中一个重要的原因，是由于员工和他的直接上司关系不融洽，经常发生矛盾，造成员工不愿意在本店工作。开业以来，致美斋很少辞退员工。员工入职都是经过认真研究后决定录用的。没能管理好，教育好员工是领导者工作的失误，作为领导我们需要检讨自己在哪些地方工作不到位。单位制定了班组长以上管理人员每周一次培训，员工每二周一次培训，起到较好的效果。

总而言之，员工队伍稳定或基本稳定跟领导者情商的投入有直接的关系，以能否使企业正常经营为衡量尺度。既不能夸大员工正常离职的忧虑，又不能束手无策，对员工离职听之任之。

致美斋管理中的基本做法

老店致美斋饭庄是 2004 年 5 月份在现址重张的。几年来，经营情况基本稳定，过去门可罗雀，现在可以讲是车水马龙，利润也由亏损状态转变为逐年上升。从本人接手此店到开业经营一共经历了"了解阶段、实施阶段和开业后的经营阶段"这样三个阶段：

一、了解阶段，为老店重张做调查工作

1. 开业前期了解到原来该店价位较低，却没有客人光顾。

2. 对店周围消费群体做了细致的了解，听取客人对原店的反映，客人消费取向。

3. 了解客人的消费需求，口味特点。

4. 客人的消费能力如何。

5. 客源中单位用餐和个人用餐的比例是多少。

6. 机关内工作人员到外面吃工作餐的有多少人，可能会喜欢哪种菜肴？

7. 周边商圈情况，附近几家店的经营效益如何？

8. 企业贴出的开业前安民告示反映如何？

二、实施阶段

1. 预测经营成果。在正常情况下组建生产、后勤和服务人员，争取做到基本准确。坚持实事求是，控制人工成本和经营成本，不得贪大求洋，盲目组建所谓高级生产、服务人员。企业是经营单位，要获得利润，不能华而不实，给企业造成损失。

2. 重视岗前培训，加大培训力度。培训重点是：职业道德、业务基础知识、实际操作演练，这是能否开好头，起好步的关键问题。因此，要求所有员工都要苦练基本功，杜绝盲目开业，问题百出。

3. 开业伊始，本店奉行采取"三不政策"，练好内功，应对挑战。

"一不宣传"。企业要先"自立"，然后才是扬名。餐厅刚开业，根基还没有打好，各项工作还可能不到位，若这时候急于宣传不但

很难达到预想的积极作用，哗众取宠，甚至于会帮倒忙。有句俗语说"人叫货千声不语，货叫人点手就来。"消费群体不是靠宣传形成的，而是靠经营活动培养起来的。不做宣传（指投资宣传），可以让员工的注意力不被分散，有条不紊地从容工作，集中精力解决以下问题：(1) 找出经营环节确实存在的问题。(2) 根据客人点的菜品了解客人口味特点。(3) 听取客人反映的意见，及时改进工作。以期达到像经营成熟的店面一样，一切按部就班。

"二不请客"。经营餐厅要讲究经济效益，否则要慎重行事。开业之初，餐厅的各项工作还处于落实状态，人员冗杂，工作还没有头绪，盲目请客可能会扰乱经营秩序，给广大消费者带来疑惑，影响客人用餐的心情。

"三不打折"。这里包含着个人的一个餐饮经营理念。众所周知，餐饮业当前的价格竞争已经转为价值竞争。客人都已趋于理性消费，决定客人是否还会再次光顾的条件是客人认为菜品的价值与价格是否对等一致，而打折只是一种换取客人表面满意的形式，并不是客人关注的焦点问题。当前社会上流行的餐饮团购现象也是企业出于宣传目的的短暂行为，并不会成为各企业销售模式的主流。本店虽然不打折，但吃过我们这里菜品的客人感到物有所值，下次就还会再次光顾。而不少餐厅即使给客人打了折，客人也不会再次光顾。究其原因，一是客人已深知商家打折的诱惑。打了折，菜品或服务质量却不好，客人感到不值就不再来了，类似的投诉屡见不鲜。二是客人认为商家在欺骗自己。如菜品定的价位极高，却没有那么高的价值，商家就开始给予客人折扣或返券，但客人并不满足，认为商家应该更多的让利。三是经过分析，由于客源情况导致的消费习性和心理差异，40%吃折扣的客人中有不少人会给企业找很多麻烦，让这类客人满意很难，他们甚至会提出一些让餐厅无法满足的要求，如若餐厅不予解决或解决不好，此类客人从此还是不会光顾了。

三、开业后的工作

开好头，起好步对餐厅日后的经营非常重要。开业后的工作尤为重要，领导者要理清经营理念，逐步解决工作中遇到的困难和问题。

1. 认真分析经营现状，能否达到预期的效果，没达到或已达到的原因各是什么。

2. 耐心听取客人意见。相信多数客人提出意见的出发点都是善意的，对这些问题要认真分析、研究、总结，找出改进措施，及时反馈给客人。

3. 每周定时召开班组长会，让管理人员及时掌握经营状况及企业发展动向，大家进行讨论，听取意见和要求，各项工作抓好落实。

4. 做好餐厅服务工作。服务是餐厅永恒的主题，是经营活动的关键环节，主动、热情、耐心、周到、文明礼貌是我们努力的方向。系统培训员工的基本功和服务技巧，采取考核打分与个人收入挂钩的办法，促进服务质量的提高。

5. 制定出菜品质量保障体系，从原料采购到菜肴出品的各环节责任到人，严格把关。把菜品更新作为制度，及时淘汰滞销的品种。作为老字号，创新菜品尤为重要。要在继承的基础上有所创新，使客人不断感到新意，才会增强企业的生命力。

6. 树立远大的目标，不要满足于已经取得的成绩。满足是倒退的开始，要让员工看到自己工作上的差距，不断激励他们向更高的目标看齐。只有不骄不躁，勤于钻研，继续努力，才能攀越一座座事业高峰。

致美斋风味菜菜谱

冷荤类（22）

叉烧肉	炝黄瓜皮	芥末鸭掌	盐水白鸡	卤生口（卤鸡）
酱生口（酱鸡）	珊瑚白菜	罗汉肚	酸辣黄瓜条	拌什锦
鸡丝拌粉皮	三色蛋卷	盐水大虾	酱牛肉	酥鲫鱼
蛋黄鸡卷	桂花莲藕	皮冻豆酱	盐水鸭肝	老醋蜇头
素什锦	拌肚丝			

山珍海味类（33）

清汤燕菜	原焖鱼翅	红扒熊掌	芙蓉燕菜	黄焖鱼翅
烧裙边	扒燕菜卷	三丝鱼翅	桂花鱼翅	扒瓢鲍鱼
鸡茸鱼翅	扒龙须鲍鱼	鸭包鱼翅	砂锅鱼翅	白扒鱼唇
红烧鱼唇	鸡油扒四宝	云腿扒猴头	葱烧海参	红烧海参
山东海参	蝴蝶海参	白扒鱼肚菜心	鸡茸鱼肚	红烧干贝
绣球干贝	炒芙蓉干贝	蒜茸粉丝蒸扇贝	凤尾鸽蛋	虎皮鸽蛋
象眼鸽蛋	云片鸽蛋	鲍鱼扒菜心		

鱼虾类（35）

四吃活草鱼	干烧活鲤鱼	酱汁活鲤鱼	菊花鳜鱼	五柳鳜鱼
清蒸鲥鱼	醋椒鱼	糖醋鱼	松鼠黄鱼	红烧元鱼
三色鱼府丸	油浸鱼	高丽鱼	游龙戏凤	炒鳝鱼丝
红烧鳝鱼	糟熘鱼片	大蒜烧鲶鱼	双椒鲈鱼	一鱼两吃
百菌烩鱼头	五柳鱼	锅爆香茄盒	琵琶大虾	凤尾大虾
百花大虾	油焖大虾	两做大虾	锅贴虾仁	炸虾球
炸虾托	清炒虾仁	腰果虾仁	金毛天娇虾	农家小河虾

鸡鸭类（25）

香酥鸭	锅烧鸭	炒全鸭	清蒸炉鸭	清蒸鸭
糟烩鸭条	叉烧鸭腿	烩鸭四宝	芝麻鸭肝	香酥鸭方
香酥鸡	纸包鸡	锅贴鸡	铁板锡纸鸡	砂锅鸡
锅烧笋鸡	黄焖鸡块	炸八块	香酥鸡腿	炒芙蓉鸡片

芫爆鸡片	炒生鸡丝	糟烩生鸡丝	酱爆鸡丁	油爆鸡丁

肉蛋类（26）

烩银丝	油爆猪肚	烧烩肥肠	干炸里脊	糖醋里脊
芫爆里脊	糟烩里脊丝	油爆双脆	煳肘	锅烧肘子
芫爆散丹	扒爪尖	糟熘三白	熘黄菜	熘松花
赛螃蟹	山东丸子	干炸丸子	小烧羊肉	扣肉
蟹黄狮子头	宫保肉丁	酱爆肉丁	樱桃肉	焦熘肉片
九转大肠				

素菜类（20）

锅塌龙须菜	锅塌豆腐	干烧冬笋	口蘑烧扁豆	干烧茭白
栗子烧白菜	醋熘白菜	砂锅白菜	煮干丝	烹掐菜
扒双菜	炒芙蓉菜花	二冬油菜	二冬烧扁豆	烩鲜蘑
白扒四宝	炒南北	素烧茄子	瓢竹荪	炸发菜卷

甜菜类（18）

杏仁豆腐	冰糖蛤士蟆	炒三泥	拔丝葡萄	拔丝西瓜
拔丝苹果	冰糖莲子	琥珀莲子	八宝饭	三不沾
桂花山药段	冰糖菠萝	蜜汁鲜果	蜜汁金枣莲子	江米梨
香蕉锅炸	核桃酪	桂香芋乳		

汤类（11）

菊花鱼锅	四生鱼锅	烩乌鱼蛋	榨菜肉丝汤	奶汤白菜
三鲜汤	酸辣汤	青豌豆姜汤	豆腐海带汤	氽丸子
萝卜丝氽鲫鱼				

面点类（23）

龙须面	萝卜丝饼	翻毛月饼	提浆月饼	酥皮月饼
一品烧饼	芝麻烧饼	银丝卷	炸酥盒	芙蓉糕
三鲜水饺	炸春卷	梅花酥	玉兰酥	佛手酥
樱花酥	仙桃酥	山东杠头	南瓜饼	小麻团
豌豆黄	芸豆卷	炸酱面		

冷荤类

叉烧肉

原料

主料：后臀尖 2500 克。调料：精盐 50 克，料酒 50 克，葱姜各 50 克，蒜 25 克，五香粉 10 克，鸡汤 2000 克，白糖 100 克，酱油少许，食品红色少许，味精 15 克，香油 15 克，桂皮大料共 50 克，花生油 1000 克（耗 250 克）。

做法

1. 将后臀尖切成五寸长，二寸宽的长方块，剞上花刀，放上盐、葱、姜、料酒、五香粉腌一小时，然后，放在烈油锅中炸成枣红色，捞出，控去油。

2. 锅烧热，加底油 10 克，放入白糖 25 克，炒成淡黄色，再放入鸡汤、盐、桂皮、大料、味精、料酒、葱、姜、蒜、酱油、食红色和猪肉，开后，撇去浮沫，用微火煻两小时左右，把肉取出，再放入香油，用旺火收汁，将汁浇在肉上即可。

特点　甜、咸，醇香。

炝黄瓜皮

原料

主料：黄瓜 500 克。调料：盐 10 克，花椒 10 克，味精 5 克，香油 15 克，酱油 10 克，糖 75 克，醋 40 克。

做法

1. 黄瓜切二寸半长的段，用盐腌软，洗掉盐味，滚刀片成片，无籽的可片到中心，有籽的片到籽为止（籽不要），片完再用 5 克盐、味精、醋、糖、酱油拌匀腌上。

2. 热锅放香油，将花椒炸成黑色，浇在腌好的黄瓜皮上，再由黄瓜的心部往前，卷成筒形即可。

特点 香脆，爽口。

芥末鸭掌

原料

主料：鸭掌 250 克。配料：黄瓜 100 克。调料：芥末 15 克、精盐 5 克、大蒜 10 克、香油 5 克、醋 5 克、味精 5 克、鸡汤 25 克，料酒少许，葱、姜各 5 克。

做法

1. 鸭掌开水氽透，去掉老皮，洗净，在水中煮到八成熟（不能太烂），捞在凉水中，芥末用开水搅开，晾凉。
2. 把鸭掌背部划开，抽去骨头，将鸡汤、葱姜放入锅内，锅开，下入鸭掌氽一下，捞出。黄瓜洗净，切成斜象眼片。
3. 大蒜剁成泥，放入碗中，下入芥末、盐、醋、味精、料酒、香油对好汁，过箩，把鸭掌摆在黄瓜的上面，浇上汁即成。

特点 脆嫩，爽口，清淡。

盐水白鸡

原料

主料：大笋鸡 1250 克。调料：花椒少许，葱、姜各 50 克，精盐 50 克，料酒 25 克，水 2500 克。

做法

1. 将笋鸡从肛门下竖开一寸长的口，取出五脏，去爪洗净，放到开水中煮六七成熟，取出洗去血沫。
2. 锅架火上，加水、葱姜、花椒、盐、料酒等调料，再将笋鸡放入，旺火锅开，撇去浮沫，移微火煮透，然后将鸡和汤一起倒入盆里。
3. 食用时可剁成块或去骨片成片，切成条、丝即可。

特点 清淡爽口，味鲜肉嫩。

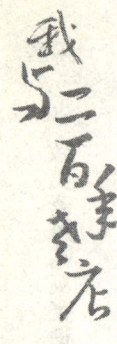

卤生口（卤鸡）

原料

主料：生鸡十只，重 12500 克。配料：糖色适量。调料：酱油 1000 克，盐 500 克，花椒、大茴香、全大料 400 克。

做法

1. 将鸡子宰杀后，用 80 度的热水褪毛，从脊开口去内脏，洗净，剁掉鸡膀、鸡爪。

2. 将卤汤端上火，下血水适量，加作料、糖色，放入鸡子，大火顶开，用铁篦压住，再用小火焖三个多小时，肉烂捞出。

特点 鸡呈红黄，烂嫩鲜美。

酱生口（酱鸡）

原料

主料：肥嫩鸡 25000 克，清水 25000 克，精盐、酱油、白糖、料酒、香油各适量，药料袋、大葱、鲜姜、大蒜、花椒、大料、桂皮、丁香各 1 份。

做法

1. 鸡宰杀前 1~2 天，只供水。宰杀时，从颈部开刀，刀口要小，割断鸡的气管与血管，放血控净（血接在盆里，可做他用）。

2. 趁鸡体温尚未退净前，放在八十度热水内，褪净毛和爪皮，由肾部开膛，取出内脏、鸡嗉、气管，用清水洗净血污，放入清水浸泡 4 小时后，取出。

3. 由鸡胸骨下端，用剪刀平插入胸骨两侧，将立着的胸骨剪断，鸡爪插入腹内，鸡头别在翅膀下。

4. 锅内放入清水 25000 克，用旺火烧开，下入鸡，汤开时撇去浮沫，煮十分钟捞出。

5. 将汤盛出，以铁箅子垫在锅底，把鸡摆在锅内的四周，中间留一空心，从中间倒入原汤，加入精盐、酱油、白糖、料酒、药料袋。

6. 用慢火煮，待熟透后捞出，控净酱汤，摆在平盘上，稍晾一下，趁热将皮面抹上香油，即为成品。

特点 味鲜、咸、香，质松烂，肥而不腻，色金黄。

珊瑚白菜

原料

主料：大白菜 1000 克。配料：青红椒 50 克，冬笋 50 克，香菇 100 克，干辣椒 25 克，葱、姜各 25 克。调料：精盐 15 克，白糖 400 克，醋精 25 克，红油少许。

做法

1. 将青红椒、干辣椒、冬笋、香菇均切成丝，在开水中氽透，冷水过凉；葱姜切丝和以上配料放在油锅中煸炒，下入糖、醋精、盐，盛出备用。

2. 大白菜去老叶，一劈四瓣，洗净，用开水氽透过凉，控干，放入盐、糖、醋精拌匀，浇上红油，再将炒好的五丝放到白菜上即成。

特点 色泽粉红，口味酸、甜、辣。

罗汉肚

原料

主料：生猪肚 1 个，猪肉 500 克，猪肉皮 300 克，葱、姜各 10 克，料酒 30 克，精盐 5 克，味精 2 克，花椒、丁香汁 30 克。

做法

1. 将猪肚刮去油脂，用精盐、醋揉搓肚上的粘液。揉搓干净后，用清水冲净控去水备用。

2. 将猪肉和猪皮切成小块，下入葱、姜、料酒、精盐、味精、花椒、丁香汁拌均匀后，装入猪肚内封好口上蒸箱蒸 2 小时。

3. 熟透出笼用重物压上，冷却后切片，装盘即成。

特点 紧固不散，光泽透明，口感咸鲜，适口不腻，酱香醇厚。

酸辣黄瓜条

原料

主料：黄瓜 500 克。调料：醋、糖、红干椒、盐、蒜、姜适量。

做法

1. 先将黄瓜洗净切成条，再将蒜、姜剁成碎末，红干椒切成细丝。
2. 把各种调料和黄瓜拌匀装盘即可。

特点 酸、辣、甜、脆。

拌什锦

原料

主料：粉丝 150 克，熟猪肉 50 克，熟鸡肉 50 克，熟火腿 50 克，水发海米 25 克，鸡蛋 2 个，菠菜心 3 颗，发冬菇 15 克。调料：酱油 40 克，醋 15 克，香油 5 克，芥末糊少许，味精少许。

做法

1. 先将粉丝剁成 5 寸长段，放入开水中煮至中心无硬度为止，捞出用冷开水稍泡一下，滤去水，摆在盘的周围。菠菜心直刀切成寸段，冬菇片刀片开，用开水烫过备用。
2. 将炒勺放在火上烧热，把鸡蛋打开倒入，摊成 1 分厚的蛋皮，揭起蛋皮切成 2 寸长、1 分宽的条。猪肉、鸡肉、火腿均用直刀切成 1 分多粗、1 寸 2 分长的丝。
3. 把各种原料分别颜色整齐地摆在盘的粉丝中间，把海米撒在粉丝上。
4. 在碗里把酱油、醋、香油、芥末糊、味精调成汁，食用时浇入即可。

特点 色彩艳丽，风味独特。

鸡丝拌粉皮

原料

主料：肥嫩鸡肉 100 克，粉皮 50 克。调料：葱末 5 克，芝麻酱 5 克，醋少许，白糖 5 克，辣椒油 5 克，味精少许，酱油 25 克，花椒粉少许，香油少许。

做法

1. 鸡肉煮熟后撕成丝，将粉皮切成丝后拌在一起。
2. 芝麻酱用凉开水调稠后，和调料拌匀，浇在鸡丝粉皮上即成。

特点 爽口清香。

三色蛋卷

原料

主料：鸡蛋（或鸭蛋）2 个。配料：豆腐粉 1 汤匙，瘦猪肉 100 克，海米 2 汤匙，嫩韭菜 50 克。调料：精盐半汤匙，酱油 2 汤匙，料酒 2 汤匙，花生油 1 汤匙。

做法

1. 将鸡蛋打入碗内，加入豆腐粉和半小碗冷水，搅拌均匀，待用。
2. 韭菜洗净切成粗末。瘦猪肉洗净切成细丁。
3. 海米洗后放热水中泡发，捞出和细肉丁放一起用刀剁几下，放碗内加入料酒、酱油和精盐拌匀。
4. 取一炒锅放火上烧热，加入花生油，待锅烧热后，将锅端离火。将调好的蛋汁摊成圆饼，熟后即将蛋饼起锅。
5. 将蛋饼平放在干净的菜板上，把调好料的肉丁平铺在蛋饼上，再将韭菜末均匀地铺在肉丁上面，将蛋饼左右两边各往中间折，再卷成圆柱形。
6. 将蛋卷放锅中置旺火上，蒸熟后取出晾凉。
7. 将蛋卷斜切成 2 分厚的片，装盘即可。

特点 蛋黄有黄、红、绿三色，味香色美。

盐水大虾

原料

主料：青虾 30 克。调料：精盐 15 克，料酒 10 克，清汤 300 克，葱段 10 克，姜片 5 克，鲜花椒 10 克。

做法

1. 将虾剪去须、爪及虾枪，挑出沙线洗净。
2. 勺内加入清水烧开，放入虾氽过捞出，另起勺放入清汤、料酒、精盐、葱段、姜片、花椒和虾，中火烧开后，移至微火上煮熟，倒入盆内浸泡十分钟后，取出摆入盘内即成。

特点 大虾橘红，清淡鲜嫩。

酱牛肉

原料

主料：牛肉5000克。调料：酱油1000克，精盐200克，葱段150克，姜片50克，丁香砂仁、豆蔻、草果、白芷、八角、小茴香、肉桂各适量（用纱布包好）。

做法

1. 先将牛肉洗净，切成大块，放入水锅中，用旺火烧开后，捞至冷水中洗净。
2. 锅内加清水（以漫过肉为度），放入牛肉、酱油、精盐、葱段、姜片、料酒、药包，在旺火上烧开，撇去浮沫，移至微火上焖至肉熟时捞出，晾凉后即可改刀装盘即成。

特点 酱味浓郁，色泽棕红，鲜香味长。

酥鲫鱼

原料

主料：鲜小鲫鱼2500克（以活鱼，三寸长为好）。调料：香油300克，酱油300克，醋300克，料酒300克，白糖250克，冰糖末150克，五香粉7.5克，桂皮、丁香、豆蔻、花椒、大料等共15克，姜30克，葱1500克，糖色50克。

做法

1. 鲫鱼去鳞去鳃，从鳃部顺着鱼腹剖开小口，取出内脏（不要弄破苦胆），清水洗净，葱切成三寸长的段。姜切片。醋、料酒、酱油等对在一起，成为"调料水"。

2. 在砂锅内，先铺一层猪筋骨，再铺一层姜片，撒上桂皮、丁香、豆蔻、花椒、大料，最后分层码鱼。码第一层鱼，鱼头朝锅边，鱼尾向锅心，一个一个地码成圆圈，形似菊花，撒上五香粉。码第二层鱼，是在中间码成一排，遮住小孔，也撒上五香粉。鱼码完后，再码葱段，也码成菊花形。将白糖、冰糖末倒在葱段之间，均匀地浇上香油、糖色，再加入一部分"调料水"，即可上旺火。

3. 旺火烧开，盖上一个比锅略小的瓷盘，移到微火去煨。煨时，瓷盘周围要向外冒汤，如汤汁减少不冒，继加入余下的"调料水"，照此办法，一直把全部"调料水"加完。

4. 煨约九至十一小时左右，鱼就酥了，去掉瓷盘，晾一夜后，先取出葱，再慢慢地取鱼，放在盘中，上面加少许葱，淋上原汤即成。

特点 鱼肉肥嫩，刺酥，味美。

蛋黄鸡卷

原料
主料：鸡蛋4个，鸡脯肉150克。调料：精盐3克，料酒5克，味精1克，葱姜花椒水50克。

做法
1. 将鸡脯肉用刀剁成细泥，加入精盐、料酒、味精、葱姜花椒水调制成料子。鸡蛋打入碗内，加入适量精盐拌匀，用炒勺吊成蛋皮。

2. 将蛋皮平铺在案板上，切去边缘，抹匀鸡料子，用手卷成卷，放入盘内，然后上笼蒸熟取出晾凉即成。

特点 色泽金黄，香甜软糯，老幼皆宜。

桂花莲藕

原料
主料：莲藕400克，糯米100克。调料：冰糖300克，糖桂花100克，蜂蜜50克。

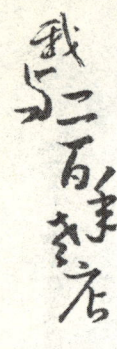

做法

1. 将糯米用凉水泡 6 小时备用,冰糖炒成糖色备用。

2. 莲藕削皮洗净,将一头切开,把泡好的糯米装入莲藕内填实,再把切下的莲藕用牙签封好口。

3. 用不锈钢桶取清水 2500 克,放入糖色、莲藕、糖桂花、蜂蜜,小火煮约 3 小时取出放凉,切片装盘。把煮莲藕的汁浇在藕片上即成。

特点　藕片软糯,香甜适口。

皮冻豆酱

原料

主料:猪肉皮 250 克,青豆 80 克,香干 70 克,胡萝卜 70 克,小花生米 50 克,八角 1 个,花椒 10 粒,桂皮 5 克,香叶 1 片,盐 5 克,生抽 25 克,老抽 5 克。

做法

1. 将猪皮洗净,刮去表层杂物和猪毛,放入沸水中汆烫 3 分钟左右,取出后用流动水冲洗干净并沥干水。

2. 去除猪肉内层多余的肥油,将猪皮切成小条备用。

3. 将花生米用温水泡 1 小时备用。把胡萝卜洗净去皮切成 0.5 厘米见方的丁,青豆洗净用沸水汆 2 分钟备用。香干切成 0.5 厘米的丁备用。

4. 锅中放入 200 克水,水开后放入切好的猪皮,再放入八角、花椒、桂皮、香叶做好的料包和老抽、生抽,用小火炖煮 1 个小时至猪皮起胶软烂。

5. 在炖猪皮的锅中放入备好的青豆、胡萝卜、花生米、香干,后放入盐煮 10 分钟。

6. 把料包捞出,将煮好的豆酱放入托盘中晾凉后放入冰箱冷藏,直至凝固。取出切块装盘即成。

特点　京味十足,酱香爽口。

盐水鸭肝

原料

主料：鸭肝 250 克。配料：葱姜少许，花椒几粒，盐 15 克，料酒 15 克。

做法

1. 将鸭肝洗干净，下锅氽透，拿出洗净。
2. 将鸭肝放盆内，加葱姜、花椒、盐、料酒上锅蒸熟，取出，晾凉即可。

特点　清淡，软烂，食而不腻。

老醋蜇头

原料

主料：蜇头 500 克。调料：老醋 50 克，辣酱油 5 克，盐 3 克，白胡椒 3 克，白糖 5 克，葱、姜、蒜粒各 10 克，香油 5 克。

做法

1. 将蜇头提前泡水洗净，去掉矾盐味，片成片。
2. 蜇头放入盆内，调入老醋、辣酱油、盐、白胡椒、白糖、葱、姜、蒜粒、香油，搅拌均匀，腌制 15 分钟后装入盘内即可。

特点　醋香蜇脆，爽口开胃。

素什锦

原料

主料：香菇 150 克，发菜 5 克，扁尖笋头 100 克，口蘑 50 克，去壳白果 30 粒，老豆腐 1 方块，面筋 10 小块，豆腐衣 1 张，青菜心 20 棵，栗子 25 克。调料：白糖 100 克，精盐 25 克，酱油 50 克，料酒 25 克，花生油 250 克。

做法

1. 把香菇、口蘑、扁尖笋、发菜分别用开水泡一个小时，取出洗净，去掉香菇根和口蘑的沙子。泡香菇、口蘑的水留用。

2. 把老豆腐放在冷水锅内，盖严，用大火煮，至起孔时取出，去皮，切成方块。

3. 再起热锅，放入花生油，下香菇、口蘑、笋、发菜、白果、栗子、豆腐块、豆腐衣、面筋等，加盐、酱油、糖、料酒，炒一炒，取出放入砂锅内，把泡香菇、口蘑的水倒入，用文火炖约三十分钟至一小时，起锅前放上青菜心，翻一下锅即可。

特点 清淡、爽口。

拌肚丝

原料

主料：熟猪肚 200 克，酱油 2 汤匙，香油 2 汤匙，醋 1 汤匙，大蒜头 3 瓣，香菜适量。

做法

1. 将熟猪肚切成 1 寸半长的细丝，放开水中烫一下，捞出，沥干水后放盘内。

2. 香菜切除根，摘除黄叶、老梗，洗干净，控干水后切成粗末待用。

3. 大蒜头剥去蒜衣，洗净拍碎，剁成泥，放一干净的小碗内，加入酱油、醋和香油，拌匀浇在肚丝上，最后将香菜末撒在肚丝面上，吃时拌匀即可。

特点 肚丝鲜嫩，清香，味美适口。

山珍海味类

清汤燕菜

原料

主料：干燕窝 25 克。配料：清汤 1000 克。调料：精盐 0.8 克，碱 0.5 克。

做法

1. 将燕窝放在温水中泡软（约泡 15 分钟），轻轻捞出，用镊子择净燕窝上的毛和根，再用温水洗去灰尘（洗时要用手捏攥着洗，不可揉搓，否则易碎）。用开水 500 克把碱溶化，放入洗过的燕窝，用筷子慢慢挑动一下，泡 5 分钟后捞出；接着再用开水 1000 克泡 5 分钟，燕窝就涨发起来。然后，取开水 1000 克，晾到八成热时，放入涨发起来的燕窝再泡 4 分钟，以去净碱分，捞出挤净水。

2. 把汤勺置于旺火上，放入清汤、精盐，烧开后撇去浮沫，倒在大汤碗里，再把燕窝放入汤里即成。

特点 此菜燕窝洁白，质地软滑，汤色浅黄，清澈见底，味道极鲜美，营养价值也很高。

原焖鱼翅

原料

主料：水发鱼翅 750 克。配料：熟冬笋片 250 克，熟鸡肫片 75 克，熟野鸡脯片 75 克，熟鸡皮 50 克，水发冬菇 30 克，青菜心 150 克，虾子 25 克，鸡腿 2 只，火腿片 100 克，猪肥膘 200 克。调料：料酒 3 克，精盐 40 克，葱节 13 克，姜片 12 克，熟猪油 150 克，清汤 1500 克。

做法

1.把水发鱼翅一劈二,排叠在大汤碗内,加清汤250克,放上葱结、姜片、火腿片、鸡腿,盖上猪肥膘,上笼用旺火蒸约20分钟。取出滗去汤,再加清汤250克,上笼蒸约20分钟取出滗去汤汁,拣去葱、姜、鸡腿、火腿片、猪肥膘等。再放入冬笋片、鸡肫片、野鸡脯片、鸡皮片、冬菇片,加料酒、清汤250克,上笼蒸约20分钟。

2.锅加底油,放入菜心,炒至翠绿色,倒入砂锅中,将笼内鱼翅取出,复入砂锅内,舀入沸清汤750克,加熟猪油、料酒、精盐、虾子,盖上锅盖,用小火焖约30分钟即成。

特点 鱼翅透亮,丝似银针,软糯滋润,汤醇味鲜。

红扒熊掌

原料

主料:发好熊掌1对约1000克。配料:光母鸡1只1200克,带皮猪肉500克,干贝25克,火腿100克。调料:葱5克,姜15克,盐40克,味精10克,料酒10克,白糖80克,鸡油30克,胡椒粉10克,清汤1500克,水淀粉60克,酱油80克。

做法

1.取1个竹箅子,把拆骨熊掌(掌心向下)排好。锅内舀入清水,把熊掌连箅子一同入锅,加入葱、姜、料酒,上火氽透,滗去原水,用凉水泡凉。照此法再煮一次,再用凉水冲凉,以去净膻味。鸡一剖两片,和猪肉一起用开水氽透捞出,洗净血沫。

2.干贝去掉边上的老筋,洗净泥沙,用布包好。火腿洗净油污,修净夹黄,用开水煮透捞出。

3.取铝锅1个,垫上竹箅,将鸡、熊掌放在箅上,再放上猪肉、干贝、火腿、葱段、姜块,舀入清汤,加料酒、白糖、盐、胡椒粉,先用大火烧开,再移小火焖煐(约4小时)。

4.待熊掌完全煐烂,把锅离火,取出猪肉、干贝、火腿、姜、葱,提起竹箅,把熊掌连竹箅放入炒锅内,将煐熊掌的原汤倒进锅内，上火烧开，加进味精，尝好口味，再提起竹箅，把熊掌翻扣在菜盘内，使掌心朝上。锅内原汤用水淀粉勾芡，收汁，淋上鸡油，浇在熊掌心上。

特点 熊掌软烂，汁浓味鲜，是宴席上的珍贵名菜。

芙蓉燕菜

原料

主料：干燕窝20克。配料：鸡蛋清5个，清汤800克，火腿丝8克，黄瓜皮丝5克，精盐2克，味精1.5克，碱面2克。

做法

1. 燕窝的泡发与"清汤燕菜"相同。

2. 将鸡蛋清放入碗内，加清汤150克，再加精盐，味精少许，用筷子搅打均匀，上笼用小火蒸透，取出即成"芙蓉底"。把泡发好的燕窝放在芙蓉底上。再把火腿丝，黄瓜丝撒在燕窝上。

3. 勺内加入清汤、精盐、味精烧开，撇去浮沫，轻轻浇在燕窝上即成。

特点 芙蓉白亮，燕窝洁白，口感绵润。

黄焖鱼翅

原料

主料：水发群翅（脊翅）1500克。配料：母鸡1只，鸭子500克，火腿150克，猪肘500克，干贝25克，油菜心10棵，胡萝卜50克。调料：茅台酒、精盐、味精、胡椒粉、鸡油、葱、姜、玉米粉、糖色。

做法

1. 发好的鱼翅用沸水焯透，再用冷水过凉；然后用布包好（为使其排列整齐，可用竹箅子夹起）。母鸡、猪肘、鸭均出水，再洗净；火腿、干贝洗净，用布包上。

2. 铝锅（或砂锅）中放入二至三个竹箅子垫底；把装鱼翅的包布摆在上面；鱼翅的周围和上面摆入上述的配料；再加入（以淹过

顶面的配料为宜)、茅台酒和葱段、姜块。先用大火烧沸,遂转小火慢煨。煨约8小时左右,等鱼翅已柔软时取出,打开布包,放置容器内。煮鱼翅的原汤过罗后,浇到鱼翅中。

3. 锅置火上,将鱼翅连汤倒入里面,加入精盐、味精、糖色和胡椒粉,用中火焖烧20分钟,使其入味。然后用玉米粉勾芡,淋些鸡油,装入盘中。

4. 油菜心洗净,出水后捞出用冷水浸凉,沥水后修饰一下根、稍;胡萝卜洗净,去皮,切成鹦鹉嘴状,一一插入油菜心的根部。全部制完后,放入锅内,加入奶汤、精盐、绍酒、胡椒粉、味精烧至入味,取出围在鱼翅周围。

特 点　色泽金黄明亮,柔软糯烂,汁浓味醇,营养丰富。

烧裙边

原料

主料:水发裙边400克。配料:冬笋25克,口蘑5个。调料:酱油20克,精盐1克,料酒15克,味精1.5克,白糖20克,葱2段,姜2片,酱油10克,猪油50克,湿淀粉15克。

做法

1. 将裙边切成长5厘米、宽2厘米的段,用开水汆过,再用清汤度过。口蘑切成两半,冬笋切成长方片,均用开水汆过。

2. 勺内加入猪油,放白糖炒至鸡血红色时,放入葱段、姜片、裙边、口蘑、冬笋煸炒至上色,再加入清汤、精盐、酱油、料酒,开锅后撇去浮沫,移至微火上㸆至汤剩二分之一时,放入味精,用湿淀粉勾芡,淋入葱油,出勺盛入盘内即可。

特 点　色泽红润油亮,汁芡香浓,味咸略甜。

扒燕菜卷

原料

主料:干燕窝25克。配料:鸡脯肉50克,海米10克,火腿10克,水发香菇25克,油菜心20棵。调料:鸡蛋清4个,湿淀粉

25 克，鸡汤 100 克，绍酒 10 克，精盐 1.5 克，味精 1 克，熟猪油 25 克，碱 0.5 克，熟鸡油 10 克。

做法

1. 将干燕窝用水涨发好，火腿、海米、香菇都剁成细末。

2. 将鸡脯肉剔去筋膜，用刀背砸成鸡泥，放在碗内，加入鸡蛋清、熟猪油、绍酒（5 克）、精盐（1 克）、味精（0.5 克），搅成糊状。这时将发好的燕窝分成 24 份，把每份都用鸡糊包住，放在盘中，然后点撒上火腿末、香菇末、海米末即成燕菜卷，上屉用旺火蒸 5 分钟取出。

3. 把油菜心洗净，用开水焯一下，再用凉水过凉，然后用鸡汤（50 克）煨透，整齐地摆在盘中，再把蒸好的燕菜卷放在菜心上。随即将炒锅置于旺火上，下入鸡汤（50 克）、精盐（0.5 克）、绍酒（5 克）和味精（0.5 克），汤开后用加水调稀的湿淀粉勾薄芡，淋入熟鸡油，浇在燕菜卷上即成。

特点 色彩分明，格外醒目，食之清鲜而不寡淡，醇美而不腻口，且营养丰富，是宴会上的高档菜肴。

三丝鱼翅

原料

主料：水发鱼翅 200 克。配料：水发海参 100 克，鸡脯肉 100 克，冬笋 75 克。调料：清汤 200 克，酱油 3 克，葱姜丝少许，料酒 15 克，味精 2 克，精盐 3 克，湿淀粉 30 克，鸡蛋清 1 个，葱油 10 克，白油 50 克。

做法

1. 将鱼翅放入大碗内，加入葱姜，清汤上笼蒸约一小时取出，整齐地摆入平盘内备用。海参、鸡脯、冬笋均切成丝。鸡丝用精盐、蛋清、湿淀粉上浆，用白油滑熟捞出。海参丝、冬笋丝用开水焯过捞出。

2. 炒锅内放入白油，加入葱姜丝炝锅，然后放入微量酱油、清汤、精盐、味精、海参丝、鸡丝、冬笋丝烧沸后，用湿淀粉勾芡倒

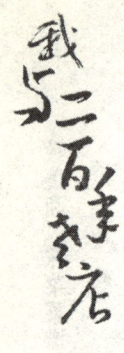

入大平盘内。

3. 另取一炒锅，放入白油烧热，葱姜炝锅，捞出葱姜不要，放入清汤、酱油、料酒调好口味，把鱼翅轻轻倒入锅内，烧至入味时，用湿淀粉勾芡，加味精，淋上葱油，大翻勺盖在盘内三丝上即成。

特点　呈红、白、黄三色，汁浓味鲜，软中带脆。

桂花鱼翅

原料

主料：水发鱼翅 1500 克。配料：鸡蛋 10 个，虾仁 250 克，猪肥膘肉 150 克，火腿 25 克。调料：绍酒 50 克，精盐 15 克，味精 3 克，胡椒粉 1 克，湿淀粉 50 克，葱段 100 克，姜片 75 克，普通汤 1000 克，浓鸡汤 2000 克，熟猪油 150 克。

做法

1. 将鱼翅洗净，码在竹子上，放入大砂锅内，加入清水（水量以没过鱼翅一指为度）、绍酒（35 克）、葱段（45 克）、姜片（35 克），上旺火余煮 2 次，再换普通汤余煮 1 次，以去除鱼翅的腥味。然后，将鱼翅放在一汤僭子内，倒入浓鸡汤，加入精盐（7 克）、葱段（45 克）、姜片（35 克），上屉蒸烂，取出滗净汤汁，把鱼翅拆散。

2. 将虾仁、猪肥膘肉分别用刀背砸烂成茸。取葱段（10 克）、姜片（5 克）用刀拍一下，放入碗内，加少量清水，泡成葱姜水。火腿切成细末。

3. 将鸡蛋磕破，取蛋黄及 1/3 的蛋清放入盆中打散，加入虾茸、肉茸及葱姜水、湿淀粉、精盐（8 克）、味精、胡椒粉、绍酒（15 克），搅拌成糊状，放入拆散的鱼翅，搅成鱼翅糊。

4. 将炒锅置于旺火上烧热，先用少量熟猪油涮一下锅，再放入其余的熟猪油，烧至六成热，徐徐倒入搅好的鱼翅糊，要边倒边用筷子拨散，略炒片刻，便可起锅装盘，最后撒上火腿末即成。

特点　此菜黄白相映，鱼翅软滑，味咸鲜美，是高级筵席上的一道大菜。

扒瓤鲍鱼

原料

主料：鲜鲍鱼肉 200 克，鸡料子 150 克。调料：精盐 2 克，味精 2 克，料酒 15 克，葱椒水 10 克，鸡蛋清 1 个，干面粉少许，清汤 200 克，湿淀粉 25 克，鸡油 20 克。

做法

1. 将鲍鱼肉片成大小薄厚均匀的大片共 12 片，每片上面撒上一层干面粉。

2. 鸡料子加入适量精盐、味精、料酒、葱椒水、鸡蛋清、清水搅匀成馅。再将馅平抹在每片鲍鱼上，放入平盘内，上笼蒸熟取出。

3. 勺内加入清汤、精盐、料酒，烧开后撇去浮沫，勾芡，加入味精，淋上鸡油，浇在盘内的鲍鱼上即成。

特点 鲍鱼软嫩，软糯鲜香，白里透红。

鸡茸鱼翅

原料

主料：水发鱼翅 350 克。配料：鸡脯肉 150 克。调料：鸡蛋清 8 个，牛奶 125 克，湿淀粉 15 克，鸡鸭汤 500 克，姜汁 1.5 克，葱段 20 克，姜片 15 克，绍酒 40 克，精盐 2.5 克，味精 5 克，熟鸡油 75 克。

做法

1. 将水发鱼翅用开水洗三四次，洗去余沙，放在大碗里，加入开水（要没过鱼翅）、绍酒（25 克）、葱段（5 克）、姜片（5 克），在旺火上蒸 2 至 3 小时，用手指一捻翅筋即断时，即可取出。然后，用清水洗 2 次，再放在开水锅里氽 2 次，去掉腥味后待用。

2. 将熟鸡油（35 克）放入炒锅内，置旺火上烧到六成热时，下入葱段（15 克）、姜片（10 克）炸黄，再倒入绍酒（10 克）和鸡鸭汤。汤烧开后熬 5 分钟，捞出葱段、姜片，把汤舀出一半另用。然后，把蒸好的鱼翅放入炒锅里，加入味精（1.5 克）、精盐（0.5

克），用微火㸆到汤汁将尽时，滗去余汁，把鱼翅倒出晾凉。

3. 将鸡脯肉剔去脂皮和筋，砸成细泥，加入鸡鸭汤（50克）调匀，过箩滤去渣滓，再放入精盐（1克）搅成稠糊状。鸡蛋清搅打成泡沫状的糊（以中间能立住筷子为准），取1/3放在鸡泥里搅匀，再将其余的蛋清糊全部放入，稍加搅拌即成鸡茸。这时，将水放入炒锅内，在旺火上烧开后端下，用碟子取出一部分鸡茸，加入适量㸆好的鱼翅拌匀，用筷子拨成长10厘米、宽2.5厘米的长条，随拨随放入开水里（拨时速度要快，防止搅打过的蛋清澥开。共拨20余条，每条放多少鸡茸和鱼翅，要掌握得当）。接着，把炒锅再放在旺火上，烧到快开时端下来，把每条鱼翅轻翻过来；再把炒锅放在火口上，等又要烧开时，即用漏勺捞出鱼翅条，顺序地摆在大盘里，倒去炒锅中的水。

4. 将舀出的一半鸡鸭汤倒入炒锅内，加入精盐（1克）、味精（1.5克）。待汤烧开后，把鱼翅条轻推入锅里（要保持鱼翅形状完整，不能散乱）。待汤烧开，就把炒锅端离火口，将温热的鱼翅条拖入漏勺，倒去汤。然后，将炒锅刷净，放在旺火上，加入牛奶、味精（2克）、姜汁和温好的鱼翅条，烧开后，淋入调稀的湿淀粉勾芡，一见汤汁变稠时，即沿锅四周淋入熟鸡油（15克），把鱼翅颠翻一下，再淋入熟鸡油（25克）、绍酒（5克），轻推入盘里即成。

特点　选料名贵，色泽洁白，口味清嫩鲜爽，不仅含丰富的蛋白质，且容易消化。在清朝末年，就深得勋戚达官的推崇。如今，更是受到众多中外宾客的喜爱。

扒龙须鲍鱼

原料

主料：罐头鲍鱼250克，罐头龙须菜300克。配料：鸡汤400克。调料：料酒16克，精盐3克，味精8克，鸡油25克，白糖少许，湿淀粉50克。

做法

1. 将龙须菜剥去老皮。鲍鱼去掉沙边，剞上一字花刀，顶刀切成一分厚的片,放入盘中备用。

2. 起锅放入 200 克鸡汤,加入 8 克料酒、1.5 克精盐、味精和白糖,把龙须菜放入汤内,用小火烧开,转旺火用调稀湿淀粉勾芡,淋上鸡油,盛入盘中码成两排。

3. 另起锅放入 200 克鸡汤,加入 8 克料酒、1.5 克精盐,把鲍鱼放入汤内小火烧开后,转旺火用适量调稀湿淀粉勾芡,淋上鸡油,拖入盘中龙须菜上即成。

特点 鲍鱼味鲜,龙须菜嫩,色艳好看。

鸭包鱼翅

原料

主料:水发鱼翅 500 克。配料:鸭子 2500 克,净鸡 500 克,火腿棒 2 个,肥瘦猪肉 25 克,清汤 2500 克。调料:猪油 80 克,料酒 40 克,姜汁 40 克,精盐 4 克,葱段 35 克,姜块 40 克,葱丝 15 克,姜米 10 克,味精 3 克。

做法

1. 将水发鱼翅放在凉水锅里,用微火煮。开锅后捞出,用冷水泡凉,装入碗内。随即将炒勺内放入猪油(25 克),在旺火上烧至八成热。加入葱丝(5 克)、姜米(5 克),随后加入清汤(500 克)、料酒(10 克)、姜汁(10 克),烧开后倒入鱼翅碗中。加葱段(15 克)、姜块(15 克),上笼屉在旺火上蒸至八成烂时(蒸约两个半小时),取出鱼翅(汤不要),用冷水洗三次,初步去掉腥味。接着在炒勺内放入猪油(25 克),在旺火烧至八成热时,加入葱丝(5 克)、姜汁(10 克),随后放入清汤(500 克)、料酒(10 克),烧开后下入鱼翅。把鸡、猪肉、火腿棒分别用开水氽一下,捞出用清水洗净,放在鱼翅上面,加入葱段(15 克)、姜块(15 克),用旺火烧开后,移至微火煨一小时左右,捞出鱼翅(汤不要),再用温水洗去腥味待用。汤勺内放入猪油(25 克),旺火烧热,下入葱丝(5 克)、姜米(5 克)烹锅,下入清汤(500 克),调入料酒(10 克)、姜汁(10 克)、精盐(2 克)、味精,随即下入洗好的鱼翅,烧开后移到微火，熯 20 分钟，取出晾凉待用。

2. 鸭子剁去掌、膀，由臀部开膛去内脏，剔去骨，洗净，将鸭子翻过来用清水冲一次，再用开水稍烫，控净水，立即翻过来（勿将皮弄破），再用开水稍烫，把熯好的鱼翅平整地装入鸭肚内，用竹扦别好口。

3. 用砂锅一个，锅底垫上竹箅子，把装好鱼翅的鸭子肚向下放入锅内，加入清汤（1500 克，汤要漫过鸭子）、料酒（10 克）、精盐（2 克）、姜汁（10 克）、味精（3 克）、葱段（5 克）、姜块（10 克），旺火烧开，移微火炖烂。把汤滗在汤勺内，捡去副料，抽去竹扦，把鸭子扣入大碗里。把汤勺上火，见开撇去浮沫，倒入鸭子碗中即成。

特点 此菜汤色微黄，味鲜香浓郁，质地软烂，营养丰富。

砂锅鱼翅

原料

主料：水发鱼翅（背翅）500 克。配料：火腿 25 克，水发玉兰片 20 克，水发香菇 20 克，油菜心 15 克。调料：清汤 750 克，鸡汤 1000 克，葱 50 克，姜 50 克，绍酒 30 克，姜汁 20 克，精盐 3 克，味精 7.5 克，熟鸡油 25 克，熟猪油 75 克。

做法

1. 将火腿和玉兰片都切成长 3.3 厘米、宽 1.7 厘米、厚 0.17 厘米的薄片。香菇撕成小块。葱分别切成长 5 厘米的段（30 克）、细丝（15 克）和末（5 克）。姜切成块（30 克）、末（20 克）。

2. 将水发鱼翅放入凉水锅中，在微火上烧开后捞出，再用凉水泡凉，洗净后放在大碗里。往炒锅里放入熟猪油（25 克），在旺火上烧到八成热时，下入葱丝（7.5 克）、姜末（7.5 克），随后放入鸡汤（500 克）、绍酒（10 克）、姜汁（5 克）。烧开后，倒入盛鱼翅的大碗中，加入葱段（15 克）、姜块（15 克），用旺火蒸到八成烂（约蒸 3 小时），捞出鱼翅（汤不要），用开水洗 3 次，初步去掉腥臭味。接着，在炒锅内放入熟猪油（25 克），在旺火上烧到八成热时，下入葱丝（7.5克）、姜末（7.5克），随后放入鸡汤（500克）、绍酒（10克）、葱段（15克）、姜块（15克）、姜汁（5克）和蒸洗过的鱼翅。烧开后，移到微火上炖1小时，捞出鱼翅（汤不要）再用开水洗去腥臭味。

3.将熟猪油（25克）放入炒锅里，在旺火上烧到八成热时，加入葱末（5克）、姜末（5克），随后加入清汤、绍酒（10克）、姜汁（10克）、香菇、火腿、玉兰片、味精、精盐和熟鸡油，再放入鱼翅。待烧开后，倒在砂锅里，移到微火上炖（要一直保持微开的状态），约炖20分钟后，再放入油菜心，原锅上桌。

特点 此菜是高级筵席中的一道大菜，软糯而兼有柔润，醇酽而不失清鲜，滋味隽永，外观悦目。这个菜不仅使用最高级的清汤来调制，而且选用背翅，铺满砂锅，不用其他原料垫底，故又称为"砂锅通天鱼翅"。

白扒鱼唇

原料

主料：发好的鲨鱼唇1000克。配料：火腿片，花笋各50克，水香菇25克，豌豆25克，葱、姜汁5克。调料：白猪油100克、乳油25克、盐8克、味精1克、料酒15克、白汤六勺。

做法

1.将鲨鱼唇放盆内，加入葱段、姜片、味精、料酒、猪油、鲜汤，上笼蒸制十分钟取出，去掉葱、姜，滗去余汤，放在砧墩上，片成大坡刀片。

2.将锅垫放在扒盘上，火腿片在锅垫上搭成三个夹角；花笋片排在三个夹角里；香菇裁成"万"字放在当中，鱼唇呈圆形排在火腿上，用盘扣住。

3.将锅擦净，添入猪油，对入白汤，用手将锅垫托在锅内，用武火烧开，小火扒制，约十几分钟，加入盐、味精、料酒、乳油、姜汁，再扒片刻，见汤白发浓时，用漏勺托出锅垫合在扒盘内。锅内余汁，尝好味道，加入豌豆，勾入小流水芡，浇在鱼唇上，即成。

特点 菜色乳白，美观耐看，汁浓菜烂，清鲜利口。

红烧鱼唇

原料

主料：鲨鱼唇750克。配料：水花笋50克，水香菇50克，去皮荸荠片25克，葱段、姜片各10克。调料：猪油70克，鸡油50克，酱油70克，走马色少许，味精1克，料酒15克，盐4克，鲜汤四勺。

做法

1. 将鲨鱼唇洗净，放砂锅内，兑入开水，放火上滚开后，端离火口，用锅盖盖住焖发三小时。用手一摸，沙能脱离时，捞在凉水盆内，用小刀将上边的细沙和黑皮完全刮净，用手摸住不拉手，再放砂锅内，兑入开水，在火上滚开，移在近火口处，使锅内的水似开不开地发制五小时。见鱼唇柔软、唇骨能脱离时，捞在凉水盆内，将鱼骨拿出，碎骨去净，再用手指将鱼唇里边的脏污抠净，放开水锅内氽透，捞在开水盆内，泡三个小时，至鱼唇柔软，没有腥臭味时即可。

2. 再将鱼唇放在盆内，加入味精、料酒、葱段、姜片、猪油少许及熟肉方、鸡腿，上笼蒸十分钟取出，去掉鸡、肉、葱姜，片成大坡刀片，和花笋香菇、荸荠放在一起。

3. 将锅放在火上，添入猪油和鸡油，油热时，将鱼唇同配菜下锅，加入酱油、走马色、味精、料酒、盐，用勺搅匀，兑入鲜汤三勺，用武火收汁烧制，至菜红汁浓时，勾入大流水芡，起锅盛扒盘内，即成。

特点 红中透亮，浓鲜不腻，菜烂鲜美，宴会名菜。

鸡油扒四宝

原料

主料：水发鱼肚150克。配料：火腿100克，白菜心500克，龙须菜半桶。调料：猪油50克，味精3克，精盐3克，料酒15

克，葱米 5 克，姜米 5 克，姜汁 10 克，鸡油 15 克，清汤 100 克，奶汤 150 克，水淀粉 30 克。

做法

1. 将火腿切成二寸长、八分宽的片。水发鱼肚用清水洗净，切成一寸二分长、八分宽的抹刀片，再用开水氽透，捞出控去水。白菜心撕成长条块，用开水煮五六成熟，捞出，再用冷水过凉，捞出控净水。龙须菜剥去老皮。

2. 用大盘一个，先放龙须菜，依次放上火腿片、鱼肚片，再码上白菜心待用。

3. 汤勺放入猪油烧热，下入葱米、姜米烹锅，放入清汤、奶汤，调入料酒、味精、姜汁、精盐，兑好口。把码好的龙须菜、白菜心、火腿、鱼肚拖入汤勺中烧开，移至微火煨透。待汤汁将尽时，汤勺回到旺火，用水淀粉勾成流汁芡，洒上鸡油，倒入盘中即可。

特 点 此菜色泽光亮，质地软嫩，清鲜爽口。

云腿扒猴头

原料

主料：水发猴头蘑 500 克，云腿 200 克。配料：净冬笋 75 克，加工水香菇 75 克，净油菜苔 750 克，鸡汤 1000 克。调料：熟猪油 1000 克（约耗 150 克），葱姜油 100 克，精盐 2 克，料酒 15 克，酱油 10 克，味精 15 克，白糖 10 克，湿淀粉 50 克，鸡油 15 克，糖色少许。

做法

1. 将猴头蘑挤干水分切成火镰片。云腿、冬笋都切成片。

2. 起锅放入熟猪油烧至九成热，把猴头蘑片放入热油中炸至呈金黄发脆时，捞出滤去油。另起锅放入 75 克葱姜油烧热，烹入 10 克料酒，加入 750 克清汤，1 克精盐，10 克酱油，8 克味精，用糖色把汤调成金黄色，再把炸猴头蘑片和冬笋片放入汤内，用小火煨到猴头蘑脆烂时，捞出（原汁留用）。

3. 把猴头蘑片、云腿片交替码在大碗里，浇入原汁；再把冬笋片、香菇码在猴头蘑片和云腿片上，上屉约蒸40分钟，取下滤出原汁（留用），扣入大盘中，浇上10克鸡油。起锅放入250克清汤，加入原汁，汤烧开再加入5克料酒、2克味精，用调稀的湿淀粉勾芡，淋入鸡油，把汁浇在云腿片与猴头蘑片上。

4. 再起锅放入25克葱姜油烧热，放入油菜苔煸炒，加入1克精盐、5克味精和白糖，菜苔断生后瓤在盘边即成。

特点 云腿香鲜，头蘑脆烂，南北二珍，堪称美味。

葱烧海参

原料

主料：水发嫩小海参1000克。配料：大葱105克。调料：青蒜15克，姜末5克，姜汁27.5克，白糖27.5克，酱油12.5克，绍酒15克，精盐2克，味精3.5克，湿淀粉10克，鸡汤200克，煳葱油50克，熟猪油150克（约耗75克）。

做法

1. 将水发海参洗净，整个放入凉水锅中，用旺火烧开，约煮5分钟捞出，沥净水。把大葱分别切成长5厘米的段（100克）和末（5克）。青蒜切成长3.3厘米的段。

2. 将炒锅置于旺火上，倒入熟猪油，烧到八成热时下入葱段，炸成金黄色时炒锅端离火口，葱段捞在碗中，加入鸡汤（50克）、绍酒（5克）、姜汁（2.5克）、酱油（2.5克）、白糖（2.5克）和味精（1克），上屉用旺火蒸1至2分钟取出，滗去汤汁，留下葱段备用。

3. 将炒锅置于旺火上，倒入熟猪油（25克），烧到八成热时，下入白糖（25克），炒成金黄色，再下入葱末、姜末、海参煸炒几下，随即下入绍酒（10克）、鸡汤（150克）、酱油（10克）、姜汁（25克）、精盐、煳葱油（20克）和味精（2.5克）。待汤烧开后，挪到微火上煸5分钟，把汤汁煸去2/3，再改用旺火，边颠翻炒锅，边淋入调稀的湿淀粉勾芡，使芡汁都挂在海参上，随即倒入盘中。

4. 将炒锅置于旺火上不，倒入煳葱油（30克），烧热后下入青蒜段和蒸好的葱段，略煸一下，撒在海参上即成。

特点 以大葱烧海参,葱香浓郁,风味独特,口味清鲜、醇和。

红烧海参

原料

主料:海参 500 克。配料:玉兰片 40 克,香菇 40 克,熟鸡脯 50 克。调料:大油 125 克,黄酒 50 克,酱油 50 克,味精 2 克,水淀粉 40 克,香油 10 克,胡椒粉少许,盐适量。

做法

1. 将海参切成二分厚一寸半长薄片,放入锅内,加清水,煮两次捞出。再放入锅内,加毛汤、黄酒和少量的酱油,煮片刻捞出,洗净放在碗内备用。

2. 玉兰片切薄片,熟鸡脯切成一寸半长、八分宽的薄片,香菇洗净去蒂。

3. 将炒锅刷净放入大油,油热后先将玉兰片下锅煸炒,再放入鸡片、香菇,再煸炒,然后加入海参、酱油、鸡汤、盐、味精,煨燖数分钟,燖透,用淀粉勾芡,勾成明亮的油芡。芡要大一些,加香油、胡椒粉,盛入盘中即成。

特点 色泽银红,鲜香味浓。

山东海参

原料

主料:水发海参 250 克。配料:瘦猪肉 100 克,水发海米 10 克,鸡蛋皮一张。调料:清汤 400 克,料酒 10 克,精盐 2 克,酱油 5 克,醋 30 克,味精 2 克,胡椒面少许,葱丝 5 克,香菜段 10 克,香油少许。

做法

1. 将海参片成抹刀片,猪肉切薄片,用清水泡上,鸡蛋皮切成象眼片。

2. 炒勺放入清水,烧至六七成热时倒入肉片,断生即捞入汤碗内。海参用沸水余透,捞出放在肉片上面。

3. 勺内放入清汤，精盐、料酒、酱油，开起后加入味精、醋、胡椒面，打去浮沫，淋上香油，浇在海参汤碗内，撒上香菜段、葱丝、鸡蛋皮、海米即可。

蝴蝶海参

原料

主料：水发海参200克。配料：鸡料子100克，鱼翅针24根，黑芝麻24粒，火腿丝、冬菇丝、黄瓜皮丝适量。调料：清汤500克、精盐2克、料酒10克、味精2克。

做法

1. 将海参片成大片（共12片），再修成蝴蝶翅的形状。

2. 鸡料子加入蛋清、料酒、精盐、味精、清水调好口，用力搅至上劲。用小刀抹成12只蝴蝶身子，然后按在海参蝶翅上，再用火腿丝，冬菇丝，黄瓜皮丝交叉摆在蝶身上为花纹。用黑芝麻点缀上眼睛、翅针做蝶须，摆在平盘内，上笼蒸约5分钟取出。

3. 勺内加入清汤、精盐、料酒、味精，开起后，打出浮沫，盛入大汤碗内，再将蒸好的"蝴蝶海参"轻轻推入汤碗内即成。

特点 海鲜鲜美，形似蝴蝶。

白扒鱼肚菜心

原料

主料：干鱼肚125克。配料：干冬菇10克，罐头冬笋100克，油菜心10颗。调料：绍酒、胡椒粉、精盐、味精、鸡油、玉米粉、葱、姜。

做法

1. 干鱼肚油发后，切成斜刀长方块，用玉米粉拌匀；半小时后，再用水洗净，然后出水。

2. 干冬菇用水泡发，捞出洗净，去蒂；冬笋切片后出水；油菜心洗净后出水；葱切段；姜切片。

3. 油锅置火上，添底油，煸一下葱段、姜片，随后下奶汤，稍煮后捞出葱段、姜片不要，再下入鱼肚片、冬菇、冬笋片烧至入味；俟鱼肚发亮软烂后，用玉米粉勾芡，淋点鸡油装盘。

4. 油菜心用奶汤、精盐、胡椒粉、味精烧至入味，围在鱼肚旁边即成。

特点 色呈乳白，味道鲜美。

鸡茸鱼肚

原料

主料：油发鱼肚 250 克，鸡脯肉 100 克。配料：熟火腿（瘦的）15 克，水发香菇 15 克，罐头青豆 12 粒，鸡蛋清 50 克，油菜心 10 克，干淀粉 10 克。调料：精盐 3 克，绍酒 5 克，味精 2 克，胡椒粉 1 克，鸡汤 750 克，鸡油 10 克。

做法

1. 油发鱼肚用温水泡四十分钟后洗净，挤去水分，用坡刀切成一寸长、一寸宽、不到一分厚的片（共三十六片）。放在汤勺里，加凉水（500 克）、精盐（1 克）、绍酒，在旺火上烧开，约煮两分钟，捞出沥净水分。

2. 将鸡脯肉砸成细泥（挑去白筋），先加入凉水（25 克）调和一下，再加入鸡蛋清搅匀，然后，放入干淀粉和精盐 0.5 克，搅打成鸡泥糊。水发香菇去蒂洗净，与火腿分别切成四分长、二分宽、半分厚的菱形片（各切四十八片）。油菜心洗净待用。

3. 取十二个小碟子，每个碟子内铺上三片鱼肚（大致铺成圆形），把鸡泥糊分摊在每碟鱼肚的中心处，摊成直径约寸许的圆饼。在圆饼的中心放上一粒青豆，环绕青豆再放上火腿、香菇各四片（一片火腿挨着一片香菇）。然后用旺火蒸十分钟左右取出，将鱼肚轻轻推入大汤碗里。

4. 鸡汤在旺火上烧开后，下入精盐（1.5 克）、味精和油菜心。待汤再烧开后，将鸡汤沿着碗边徐徐倒入盛鱼肚的大汤碗里，撒上胡椒粉，淋上鸡油即成。

特点 此菜质地软嫩鲜香，汤味醇厚；鸡茸鱼肚浮于汤面上，加以红、绿、白、黄、褐等色配料映衬，色形俱美。

红烧干贝

原料

主料：水发干贝 200 克。配料：火腿 20 克，玉兰片 20 克，水发冬菇 20 克。调料：清汤 200 克，葱姜片 10 克，酱油 5 克，料酒 10 克，味精 10 克，湿淀粉 15 克，花椒油 10 克，白油 50 克。

做法

1. 将火腿、玉兰片、冬菇均切成 2 厘米的丁。

2. 勺内加入白油，烧至五成热时，放入葱、姜炸出香味时，用漏勺捞出不用，随即放入清汤、酱油、料酒、干贝、火腿、玉兰片、冬菇，烧至入味时加味精，用湿淀粉勾芡，淋上花椒油即成。

特点 味道鲜美，贝肉嫩滑。

绣球干贝

原料

主料：干贝 70 克，鸡脯肉 150 克。配料：香菇 3 个，黄蛋糕 20 克，红柿椒皮 20 克，黄瓜皮 20 克。调料：清汤 100 克，鸡蛋清 4 个，精盐 4 克，料酒 10 克，味精 3 克，熟猪油 20 克，熟鸡油 20 克。

做法

1. 将干贝去筋，洗干净，放入碗内加清水泡约 1 小时，再洗去内部细沙，然后放入碗内，加入凉水（没过干贝），用旺火蒸约半小时取出，晾凉后，用手搓成丝，铺在平盘内。

2. 将鸡脯肉砸成泥，加入精盐、清汤、料酒、味精、鸡蛋清、猪油，搅匀上劲（成鸡料子）。鲜菇、黄蛋糕、红柿椒，黄瓜皮切成很细的细丝，与干贝丝合在一起。

3. 将鸡料子挤成直径约 3 厘米大小的丸子，每个滚上一层干贝丝及香菇、黄蛋糕、红柿椒、黄瓜皮丝，即成绣球干贝（因形似绣球而得名）。

4. 将绣球干贝入笼蒸约七八分钟，熟后取出摆在盘中。勺内加入清汤、精盐、料酒、味精，烧开后用湿淀粉勾稀芡，浇在绣球干贝上，淋上鸡油即成。

特点 形似绣球，口感嫩爽多汁，鲜而不腻，甘美滑润。

炒芙蓉干贝

原料

主料：发好的江干100克，蛋清六个，粉芡15克。配料：火腿茸、豌豆各25克，葱姜汁5克，鲜汤一勺。调料：猪油100克，盐4克，味精2克，料酒15克。

做法

1. 将江干搓碎，放在碗内，加盐、味精、料酒少许，拌一下备用；将蛋清放碗内，加入粉芡、味精、料酒、盐、鲜汤一勺和葱姜汁，用筷子打匀，成为芙蓉。

2. 将锅放在火上，抹光擦净，填入猪油，将芙蓉边下锅边炒，呈豆腐脑状，将三分之二盛在十寸盘内，随将江干下锅，用勺搅匀，盛在芙蓉上边，上撒豌豆、火腿茸，即成。

特点 美观耐看，浓鲜脆嫩，味美可口。

蒜茸粉丝蒸扇贝

原料

主料：扇贝10只500克。配料：粉丝400克。调料：蒜茸250克，香油50克，红椒粒10克，精盐5克，味精3克，料酒5克，色拉油50克，糖2克，葱花少许。

做法

1. 将扇贝去壳，取肉，洗净。切十字花刀备用。

2. 粉丝用温热水泡透，沥干水，放置盘中，后加入100克蒜茸，50克香油，精盐2克，味精2克，糖1克，红椒粒5克，拌匀入味备用。

3. 将剩下的蒜茸、香油、红椒粒、味精、精盐、糖、料酒、色拉油拌匀入味。

4. 将取下的扇贝壳洗净，平铺放入盘中，将调好味的粉丝均匀放置于每只贝壳的中央，将打好花刀的扇贝放置于粉丝之上。

5. 将调好味的蒜茸分别放在扇贝上面，放入蒸箱，旺火蒸3分钟，出笼。将葱花撒在扇贝之上。

6. 锅烧热，倒入色拉油，油热后浇在每一只扇贝之上，即成。

特点 蒜香味浓郁，扇贝鲜嫩。

凤尾鸽蛋

原料

主料：鲜鸽蛋十二个。配料：绿凤尾菜十二撮，火腿丝二十四条，火腿末、香菜末共25克。调料：白汤三勺，猪油25克，乳油25克，盐5克，味精1克，料酒10克。

做法

1. 将调勺内抹上白猪油，鸽蛋去壳打在勺内，凤尾菜在开水内蘸一下，淘凉，穗朝外顺调勺柄，放上一撮，根对住蛋清，凤尾菜两边各放一条火腿丝；火腿末、香菜末掺匀，在调勺嘴上靠蛋清撒上一撮。将勺平放在兵盘上，上笼蒸七成熟，凤尾朝外排在盘内，排成圆形。

2. 将锅放火上，擦净，添入白猪油，油热时下入白汤，加入盐等佐料，用锅盖盖住，炖成乳汁，去掉锅盖，尝好味道，加入乳油，浇在鸽蛋上即成。

特点 汁乳白，鲜嫩不腻，形如凤尾。

虎皮鸽蛋

原料

主料：鸽蛋40个。配料：罐头冬笋50克，水香菇50克，鸡汤500克。调料：花生油500克（约耗75克），葱姜油50克，鸡油15克，精盐3克，酱油25克，味精5克，毛姜水10克，糖色少许，湿淀粉25克。

做法

1. 将鸽蛋凉水下锅，开锅煮五分钟，捞入凉水中，然后剥去皮。冬笋削去筋皮切成象眼块，放开水锅中氽透，捞出控去水分。

2. 起锅放入花生油烧至七成热，把煮熟的鸽蛋放入油内，炸至呈金黄色时，捞出滤去油。

3. 再起锅放入葱姜油烧热，烹入料酒、酱油，加入鸡汤、毛姜水、精盐和味精，用糖色把汤调成浅黄色，把炸好的鸽蛋、冬笋块和香菇放入汤内，小火煨十分钟，用调稀的湿淀粉勾成流芡，淋入鸡油盛入盘中即成。

特点　鸽蛋色黄，香鲜软嫩，营养丰富。

象眼鸽蛋

原料

主料：鸽蛋 10 个。配料：青虾肉 200 克，肥膘 50 克，面包 200 克，熟火腿末 10 克，香菜末少许。调料：花生油 1000 克（约耗 100 克），精盐 4 克，味精 5 克，毛姜水 10 克，料酒 10 克，干淀粉 25 克，湿淀粉 25 克。

做法

1. 将鸽蛋凉水下锅，开锅煮五分钟，捞入凉水中，然后剥去皮。青虾肉和肥膘一起剁成茸，放碗内加入精盐、味精、毛姜水、湿淀粉和料酒拌匀，搅成虾泥。

2. 面包切成二寸长、一寸宽、二分厚的象眼片，把虾泥抹在面包片上。鸽蛋蘸上干淀粉，逐个平放，镶在虾泥中间，用尺子抹平，使鸽蛋露在外面，火腿末和香菜末点在虾泥上。

3. 起锅放入花生油烧至六成热，把镶上鸽蛋的面包虾托放入油内，炸至呈金黄色时，捞出滤去油装入盘内。

特点　面包酥脆，鸽蛋嫩香。

云片鸽蛋

原料

主料：鸽蛋 20 个。配料：罐头冬笋 75 克，水香菇 75 克，熟云腿 150 克，鸡汤 250 克。调料：花生油 15 克，鸡油 15 克，熟猪

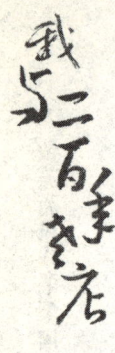

油 100 克，精盐 2 克，酱油 25 克，白糖 50 克，味精 5 克，毛姜水 10 克，料酒 15 克，湿淀粉 50 克。

做法

1. 将冬笋削去筋皮切成骨牌片，在开水锅中氽透捞出。把冬笋片和香菇放入鸡汤中煨一下，捞出备用。火腿切成一寸长、八分宽、一分厚的片。

2. 起锅放入花生油烧至六成热，把鸽蛋逐个磕入锅内煎熟，倒入漏勺内，滤去油。然后，把煎好的鸽蛋与云腿片，一片压一片交替码在碗内，冬笋片和香菇片码在上面。在碗内加入 150 克鸡汤、精盐、毛姜水、料酒，上屉蒸十分钟，取下滤出汤（留用），扣入盘中。

3. 再起锅放入原汤，加入 100 克鸡汤、酱油、白糖，烧开撇去浮沫，用调稀的湿淀粉勾芡，淋入鸡油，浇在云片鸽蛋上即成。

特点 火腿色艳，鸽蛋味香，适用于宴会。

鲍鱼扒菜心

原料

主料：罐头鲍鱼 200 克，油菜心 200 克。调料：清汤 300 克，精盐 3 克，味精 1 克，料酒 10 克，湿淀粉 20 克，葱油 10 克。

做法

1. 将鲍鱼片成坡刀片，整齐地摆在平盘的中间。将菜心用开水氽熟，整齐地摆在盘的周围。

2. 炒锅内放入清汤、料酒、精盐，然后轻轻地将鲍鱼、菜心推到锅内，烧至入味时，放味精，用湿淀粉勾芡，淋入葱油，大翻勺（要保持原形状）装盘。

特点 口味鲜嫩，色泽青白。

鱼虾类

四吃活草鱼

原料

主料：草鱼一条（2000克）。配料：香菇50克，青蒜段50克，香菜末25克，水发木耳15克，鸡汤100克。调料：葱段30克，姜片25克，葱末、蒜末各10克，姜末15克，蒜片10克，鸡蛋清25克，湿淀粉310克，鸡汤100克，香糟酒20克，白糖225克，米醋150克，姜汁5克，精盐7.5克，酱油25克，料酒55克，味精8.5克，黄酱50克，清汤500克，糖色少许，熟猪油（白油）815克（约耗35克），花椒油10克，花生油1000克（耗300克）。

做法

1. 糟熘鱼片：将草鱼肉片300克切成一寸长、一分厚的片，用蛋清、二分精盐，适量湿淀粉浆好。木耳去根，除去杂物，洗净在开水中余透，捞出放入盘中垫底。将花生油烧成六成热，把浆好的鱼片逐片放入油内拨散、滑透，捞出滤去油。另起锅放入鸡汤，加入六分精盐、料酒、白糖，将滑透的鱼片放入汤内，汤微开后，加入香糟酒，汤再开撇去浮沫，转旺火用适量调稀湿淀粉勾成流芡，淋入鸡油，拖入盘内木耳上即成。

2. 糖醋瓦块鱼：将300克鱼身肉切成三分厚、3厘米长，2.5厘米宽的块。用五分精盐、一钱料酒撒入鱼块腌上。葱末、姜末、蒜末放入碗内，加入鸡汤、白糖、三分精盐、二分料酒、米醋、酱油和适量湿淀粉调成糖醋汁。起锅放入花生油烧热，把鱼肉块挂上淀粉糊，放入热油中反复炸。待鱼块炸到金黄色时，捞出滤去油，放入盘中。起锅倒入50克花生油烧热，烹入对好的糖醋汁，炒浓浇入50克热油，待汁翻出大泡后，浇在鱼块上即成糖醋瓦块鱼，放入糟熘鱼片的一边。

3. 红烧头尾：将草鱼头尾洗净，控干水分，入油锅略炸，至金黄色，放盘中备用。将香菇、冬笋氽水备用。锅内放入色拉油，将大料、葱、姜、蒜煸出香味，后加入酱油、料酒、盐、糖、醋、味精，水稍许，放入草鱼头、尾，用水淀粉勾芡，烧至入味，装盘。

4. 酱汁鱼中段：将草鱼中段去鳞洗净，在鱼身两面每隔0.83厘米距离横切1刀（切到鱼骨为止，不要切断鱼腹）。然后在开水锅中约烫2至3秒钟，使刀口张开，除去腥味。将炒锅放在旺火上，先下入熟猪油、白糖、甜面酱，用清水100克调匀，再续入清水1150克。烧开后，放入烫好的鱼，汤再烧开时，改用微火约熉20分钟。待汤汁已剩下2/3，再用旺火烧开。最后，将鱼捞出，放入盘内。将有汤汁的炒锅继续放在旺火上，用手勺不断搅动（防止糊底），待汤汁熉浓后，浇在鱼中段上，撒上姜末。

特点　糟熘鱼片柔软滑嫩，不破不碎，味美而略甜，并有醇厚的糟香味。糖醋瓦块鱼脆嫩可口，有糖醋风味。红烧头尾口味咸鲜，鱼肉鲜活，软嫩。酱汁鱼中段鱼有酱香，酱有鱼味，汁浓甜香。

干烧活鲤鱼

原料

主料：鲤鱼一条（1000克）。配料：肥肉膘30克，冬笋20克，雪里蕻10克，红干辣椒2个。调料：豆瓣葱花、姜片、蒜片各3克，白糖50克，酱油10克，料酒25克，精盐1克，味精2克，猪油30克，花椒油20克，清汤400克，花生油1500克（耗50克）。

做法

1. 将鱼刮鳞，挖鳃，去内脏洗净，两面打上一字花刀，肥肉膘、冬笋、雪里蕻、干红辣椒均切成丁。

2. 勺内加入花生油，烧至八九成热时，将鱼抹一层酱油，下入油内炸至两面金黄色时捞出。

3. 勺内放入猪油、白糖、炒至鸡血红色时，放入清汤及所有主、配、调料，微火煸 20 分钟左右，待汤汁收浓快尽时，淋上花椒油出勺盛入盘内即成。

特 点 色泽红润油亮，味道鲜香，肉质软嫩。

酱汁活鲤鱼

原料

主料：活鲤鱼（或青鱼）1 尾，约重 750 克。调料：甜面酱 125 克，白糖 125 克，姜末 15 克，熟猪油 125 克。

做法

1. 将活鲤鱼去鳃，鳍，刮去鳞，开膛去内脏洗净，在鱼身两面每隔 0.8 厘米距离横切 1 刀（切到鱼骨为止，不要切断鱼腹）。然后，手提鱼尾在开水锅中约烫 2~3 秒钟，使刀口张开，除去腥味。

2. 将炒锅放在旺火上，先下入熟猪油、白糖、甜面酱，用清水 100 克调匀，再续入清水 1150 克。烧开后，放入烫好的鱼，汤再烧开时，改用微火约煸 20 分钟。待汤汁已剩下 2/3，再用旺火烧开。最后，将鱼捞出，放入盘内。

3. 将有汤汁的砂锅继续放在旺火上，用手勺不断搅动（防止煳底），待汤汁煸浓后，浇在鱼上，再撒上姜末即成。

特 点 酱香润泽，肉质鲜嫩。

菊花鳜鱼

原料

主料：鳜鱼肉 500 克。配料：葱、姜各 25 克，冬笋 25 克，香菇 25 克，红柿椒 25 克。调料：花生油 150 克，味精 5 克，盐 2 克，醋 100 克，番茄酱 40 克，酱油少许，水淀粉 75 克，白糖 150 克。

做法

1. 将鳜鱼肉的一端切成一条条的不断的薄片（断 4/5，连接 1/5），再垂直向下切，使断条 4/5 的鳜鱼肉呈细丝状，然后分切四块，放在碗中，加葱、姜片、盐、味精、黄酒，腌渍 20 分钟。

2. 葱、姜去皮，水香菇去蒂，红柿椒去蒂和籽，与冬笋均切成黄豆粒大小的颗粒。

3. 将鳜鱼丝粘干淀粉，要反覆粘，粘匀，使呈现出菊花的花瓣状。

4. 花生油下锅，烧至八成热时，将菊花鳜鱼下锅炸。炸成蛋黄色，外焦里嫩，逐朵地码在盘中。

5. 炒锅放花生油100克，将葱、姜、冬笋、香菇、红柿椒切成的颗粒下锅煸炒，加白糖、醋、番茄酱、少量的盐、酱油和水少许，烧开后勾芡，勾成油亮的浓汁，浇在菊花鳜鱼上即成。

特点 色泽红亮，形似菊花，外焦里嫩，酸甜适口。

五柳鳜鱼

原 料

主料：鳜鱼1尾，重量750克左右。配料：甜酱瓜40克，姜25克，玉兰片25克，红柿椒30克，水香菇15克。调料：花生油75克，味精2克，盐少许，水淀粉30克，黄酒50克，白糖150克，白醋50克。

做 法

1. 将鳜鱼去鳞，开膛，挖鳃，去内脏，洗净，沥干水分，放在鱼盘内。葱、姜块拍松散，加盐、味精、黄酒，在鱼身上抹匀后，腌渍1小时左右，上笼屉蒸30分钟。熟后取出，用筷子轻轻地剥掉鱼皮备用。

2. 甜酱瓜、玉兰片、红柿椒、香菇、姜，均切一寸长的细丝。锅内放大油，先将玉兰片煸炒几下，随后下甜酱瓜、红柿椒、香菇、姜丝，再煸炒，加糖、醋、盐、鸡汤少许，勾浓芡，浇在鳜鱼上面即成。

特点 色泽润红，鲜嫩甜咸微酸。

清蒸鲥鱼

原 料

主料：鲥鱼一尾，约750克。配料：脂油片50克，火腿片50

克，冬笋片25克，水发香菇25克。调料：葱段20克，姜块20克，料酒20克，姜汁20克，白糖10克，味精3克，鸡油25克，精盐2克，清汤100克。

做法

1. 将鲗鱼挖去鳃，剁去脊鳍、腹鳍，开膛去内脏，洗净，涮去膛内黑皮及血筋（勿弄掉鱼鳞），清水洗净，用开水稍烫，放在鱼盘里。

2. 把料酒（15克）、姜汁（15克）、精盐（1克）、味精（2克）、白糖、鸡油（20克）均放在加工好的鲗鱼上，再将火腿片、脂油片、冬笋片、香菇分别码在鱼身上，放上葱段、姜块，上屉蒸至鱼鳞卷起（约十五分钟），取出，捡去葱、姜，把鱼放鱼盘里。

3. 汤勺上火，放入清汤，调入味精（1克）、精盐（1克）、姜汁（5克）、料酒（5克），烧开，撇去浮沫，洒上鸡油（5克），淋在鲗鱼上即成。上席时用筷子拨去副料食用。

特点　此菜保持鲗鱼原味，肉质细嫩，味极鲜美，是淡水鱼菜品中名贵菜之一。

醋椒鱼

原料

主料：活鲤鱼一条（1000克）。调料：香菜段20克，葱丝、姜丝各15克，清汤1000克，精盐10克，料酒30克，味精2克，醋40克，香油5克，胡椒面3克。

做法

1. 将鱼刮去鳞，挖鳃，去内脏洗净，用刀在一面打上斜坡刀，一面打上斜坡凌形花刀，放入沸水内稍烫。

2. 勺内放清汤、料酒、精盐、味精、葱丝、姜丝及鱼，旺火烧开，将鱼煮透后捞出放入鱼盘内，汤内加醋、胡椒面、香油、香菜段，盛入鱼盘内即成。

特点　颜色素雅，鱼肉鲜嫩，汤味很鲜，微带酸辣。

糖醋鱼

原料

主料：黄河鲤鱼一条（750克）。调料：白糖200克，醋75克，酱油20克，精盐5克，葱姜蒜末10克，湿淀粉300克，清汤200克，花生油2000克（耗150克）。

做法

1. 将鱼刮去鳞，挖鳃，去内脏洗净。两面每隔2.5厘米打上大翻刀，提起尾巴刀口能张开。撒上精盐稍腌。

2. 勺内加入花生油，烧至八成热时，将鱼沾上一层淀粉糊，手提鱼尾，下入油内，用手铲把鱼推向锅边，鱼身成大弯形。炸至金黄色外焦里嫩时，捞出摆入盘内。

3. 勺内加花生油，烧热后放入葱姜蒜末，烹上醋，放入清汤、白糖、酱油，开后放湿淀粉勾芡成浓汁，快速浇到已炸好的鱼上即成。

特点 色泽金黄，脆嫩可口，有糖醋香味。

松鼠黄鱼

原料

主料：黄花鱼1尾（约重500克）。配料：香菜5克。调料：酱油15克，白糖60克，醋40克，绍酒12克，精盐0.5克，湿淀粉75克，葱末5克，姜末5克，蒜末5克，鸡汤50克，熟猪油25克，花生油750克（约耗100克）。

做法

1. 将黄花鱼去鳞、鳍和内脏，去掉鱼头，用刀顺脊骨将鱼的两面从头部片到尾根部（鱼尾要保持完整），成为鱼尾相连的两扇鱼，剔去脊骨和小刺。然后，分别在两扇鱼的里面（没有皮的一面），剞成麦穗形的花刀，即把鱼横放，尾部朝左，刀背向左斜成45度角，在鱼肉上剞成深0.6厘米，宽0.4厘米的刀纹。再按上法，与第一次所剞纹路斜着交叉剞成同样深、宽的刀纹，即成麦穗花刀。

撒上精盐，淋上绍酒（5克），再涂上一层湿淀粉（约60克）。

2. 将花生油倒入炒锅内，用旺火烧热，先把鱼头稍炸一下捞出，用刀将鱼头劈开拍扁。待油烧到冒青烟时，放入鱼，炸成焦黄色取出，与炸好的鱼头连接在一起平放在鱼盘中。

3. 将酱油、绍酒（7.5克）、鸡汤、白糖、醋、湿淀粉（15克）放在一起，调成芡汁。把香菜切成长3.3厘米的段，待用。

4. 将熟猪油倒入炒锅内烧热，下入葱末、姜末、蒜末，略加煸炒，即烹入调好的芡汁。芡熟后，淋上热花生油（50克）搅拌一下，浇在炸好的鱼肉上面，把香菜段放在盘边即成。

特点 皮酥肉嫩，甜酸醇鲜，色泽金黄，可谓色、香、味、形四美俱全。

红烧元鱼

原料

主料：活元鱼2000克。配料：猪肘250克，母鸡500克，生火腿100克，大蒜10余瓣，罐头冬笋100克，水发冬菇50克。调料：酱油、精盐、胡椒粉、绍酒、味精、白糖、糖色、玉米粉、生菜油、鸡油、香油、奶油、葱、姜。

做法

1. 活元鱼放在案子上（背朝下），待元鱼头伸出时，用手抓住，进行处理；然后用沸水把元鱼烫一下，刮净黑色粗皮和腹上的白皮；再用尖刀从裙边周围割下硬壳，挖去内脏，斩去四爪，洗净后斩成大块，同切好的猪肘块和母鸡块一起出水，再用凉水洗净。葱切成段；姜切成片；生火腿切成厚片。

2. 出水的元鱼块和大蒜瓣分别过油。

3. 炒锅至火上，添底油下入葱段、姜片略煸一下，再下入猪肘块和母鸡块同炒片刻，遂加奶汤烧沸；然后下入过油的元鱼块和火腿片、冬笋片、冬菇，并用酱油、绍酒、精盐、糖色、白糖、胡椒粉、味精调好口味，用中火将元鱼煸至七成烂，最后加入过油的蒜瓣，再将元鱼煸至酥烂，将锅离火。捡出猪肘块、鸡块、火腿片、葱段、姜片和元鱼的大胸骨，再将锅置火上，用湿玉米粉收汁勾芡，淋些鸡油和香油，出锅装盘即成。

特点 色泽红润油亮，汁芡香浓，味咸略甜。

三色鱼府丸

原料

主料：净鲐鱼肉350克，生肥膘肉100克，凉鲜汤150克，菠菜汁50克，木耳汁50克。配料：蛋清四个，粉芡75克，去皮荸荠末50克，豌豆籽、水香菇、水玉兰片各25克。调料：猪油125克，盐5克，味精2克，料酒15克，白汤2勺，葱段、姜片各10克。

做法

1. 将鲐鱼洗净、切碎，用刀背砸成泥，放盆内（肥肉膘也砸成泥备用），加入盐适量，味精1克、料酒5克和蛋清、粉芡荸荠末，用手打到打不动时，加入肉泥和凉鲜汤100克、猪油25克，用手再打；打成硬糊状，分在3个碗内，2个碗内分别倒入菠菜汁、木耳汁，下余一碗加入凉汤50克，都用手搅上劲。

2. 将锅放火上，添水四碗，水稍热时，将三色糊，皆挤成小枣形丸子下锅；汤沸时添水一次，再沸时用漏勺捞出，放在盘内；香菇、玉兰片片成小片，同豌豆放在鱼丸上。

3. 将炒锅放火上，添入白猪油100克，油热时先将葱段、姜片炸黄捞出，兑入白汤，炸成乳汁，下入鱼丸、盐和下余的佐料，收汁烧制；见汁乳白，盛在扒盘内即成。

特点 汁乳白，菜分五色，脆嫩适口，美观大方。

油浸鱼

原料

主料：草鱼1条，750克。调料：姜末5克，葱末10克，香菜叶1克，酱油5克，白糖2.5克，味精2.5克，胡椒粉0.1克，料酒2.5克，花生油75克，香油1克。

做法

1. 姜一半切片，一半切丝。葱一部分切段，一部分切丝。

2. 锅内放入油烧热，放入盐、料酒、葱段、姜片，再放入清水烧沸，尔后放入整理好的鱼，加盖用小火煨20分钟，使鱼浸熟捞出，控净水装盘。葱、姜丝撒在鱼上。

3. 锅上旺火倒回原汤。放入酱油、味精、白糖，烧开后浇在鱼上。淋上香油，香菜围边。

特点 鱼肉洁白鲜嫩，滋味清淡可口。

高丽鱼

原料

主料：净草鱼肉150克，鸡蛋清5个重约125克。调料：精盐2.5克，味精1.5克，料酒25克，姜汁水25克，胡椒粉5克，干淀粉25克，湿淀粉25克，甜面酱30克，椒盐10克。

做法

1. 将鱼肉切片，再切成长4厘米、厚0.8厘米的条，加精盐、味精、料酒、胡椒粉、姜汁水拌渍。蛋清打起泡待用。

2. 炒锅置中火上，下入猪油。将湿淀粉与干淀粉一步步加入蛋泡中搅成蛋泡糊，待油温至四成热约88℃时，将鱼条拖上糊，逐条下油锅炸至鱼条硬，并坚持温度安稳，用手勺不断翻动，浸炸至鱼条呈奶黄色至熟，捞出淋去油，装盘即成。食用时可蘸食甜面酱和花椒盐。

特点 鱼条奶黄，外壳松酥，肉质鲜嫩，酥脆焦香。

游龙戏凤

原料

主料：鸡脯肉250克，鱿鱼卷250克。配料：黑木耳10克，冬笋10克，油菜心5克。调料：水淀粉50克，鸡蛋2个，葱、姜、蒜末各2克，色拉油150克，料酒10克，盐2克，味精2克，椒盐5克。

做法

1. 将鸡脯肉切成长 6.6 厘米、宽厚均为 0.6 厘米的肉条,放入料酒(3 克),盐(1 克),鸡蛋、水淀粉(20 克),拌匀腌好备用。
2. 将鱿鱼打花刀,放入沸水中略烫起卷,过凉水备用。
3. 将腌好的鸡肉条入热油锅中炸至金黄色捞出,装在盘的一边,锅内留底油,下入葱、姜、蒜末煸香,再下入木耳、冬笋、鱿鱼卷、油菜心爆炒,烹入用料酒(7 克)、盐(1 克)、味精、水淀粉对好的汁,出锅时烹少许明油出锅装入盘的另一边,即成。
4. 上菜时跟一碟椒盐。

特 点 鸡肉软嫩,鱿鱼脆爽。

炒鳝鱼丝

原 料

主料:净鳝鱼肉 200 克。配料:冬笋 25 克,青蒜 25 克。调料:葱、姜丝共 10 克,精盐 1 克,料酒 10 克,味精 1.5 克,酱油 10 克,湿淀粉 20 克,花生油 750 克(耗 75 克),清汤 100 克,葱油 10 克。

做 法

1. 将净鳝鱼肉切成长 5 厘米,粗 1 毫米的丝,放入碗内,加精盐、湿淀粉抓匀。冬笋切丝,青蒜切段。
2. 勺内加入花生油,烧至五成热时,下入鳝鱼丝滑透,倒入漏勺控净油。
3. 勺内留花生油,放入葱、姜丝爆锅,加入冬笋丝炒几下,倒入鱼丝,加入清汤、精盐、料酒、酱油、青蒜段、味精,颠翻炒匀后,淋上葱油,盛入盘内即成。

特 点 鲜香软嫩,清淡适口。

红烧鳝鱼

原 料

主料:活鳝鱼 2 条 1000 克。配料:青蒜段 25 克。调料:白糖

25 克，精盐 2 克，料酒 15 克，味精 2 克，葱、姜、蒜末共 10 克，干红辣椒 2 个，清汤 250 克，猪油 75 克，花生油 1000 克（耗 50 克），花椒油 20 克，湿淀粉 15 克。

做法

1. 将活鳝鱼剖腹去内脏，去头尾，片成两扇，剔去脊骨，改成 5 厘米的段。干红辣椒切成段。

2. 勺内加入花生油，烧至八成热时，下入鳝鱼段炸过，捞出控净油。

3. 勺内另加猪油、白糖炒至鸡血红色时，放入葱、姜、蒜末。辣椒段及鳝鱼段煸至上色，加入清汤、料酒、精盐，开锅后，撇去浮沫，微火熘至汤剩三分之一时，加入味精，用湿淀粉勾芡，淋入花椒油，盛入盘内，撒青蒜段即成。

特点　色泽褐红，段均整齐，肉嫩汁浓，味道咸鲜。

糟熘鱼片

原料

主料：棱鱼肉（去皮去刺）125 克。配料：水发木耳 15 克。调料：鸡蛋清 25 克，湿淀粉 10 克，鸡汤 100 克，自制吊包糟酒 20 克，白糖 10 克，姜汁 5 克，精盐 0.5 克，熟猪油 750 克（约耗 35 克）。

做法

1. 将鱼肉用凉水泡 2 小时（使肉质嫩白），捞出沥去水，坡着刀片成 2.6 厘米见方、0.2 厘米厚的片，用鸡蛋清、湿淀粉（6 克）抓匀浆好。

2. 将炒锅置于微火上，倒入熟猪油烧到四成热时（刚一起白泡），把鱼片逐片下入锅里（用筷子拨散，勿使粘在一起），滑到五六成熟，倒入漏勺里沥去油。水发木耳放在开水里烫一下，捞出后散放在汤盘里。

3. 把鸡汤、姜汁、精盐和白糖等一起放入汤勺里，用旺火烧开后，下入鱼片，撇去浮沫倒进糟酒。接着把湿淀粉（4 克）用 5 克水调匀，慢慢地淋入汤里，使淀粉汁与汤混合均匀。然后，沿着勺边先淋入熟猪油（5克），翻匀后再淋入熟猪油（5克），倒在盛木耳的汤盘里即成。

特 点 菜色洁白纯净，鱼片柔软滑嫩，不破不碎，味美而略甜，并有醇厚的糟香味。

大蒜烧鲶鱼

原 料

主料：鲶鱼500克。配料：大蒜150克。调料：淀粉250克，酱油50克，料酒50克，白糖20克，盐2克，耗油20克，味精1克，色拉油200克，八角5克，大油25克，香油5克。

做 法

1. 将鲶鱼处理洗净，去掉头尾，切成长5厘米、宽2厘米的条，放入盐、料酒略腌，加入淀粉50克拌匀，入油锅中炸至六成熟，出锅备用。

2. 将大蒜入油锅炸至金黄色，出锅备用。

3. 将大油、八角入锅煸香，下入耗油、糖、料酒、酱油、水，将炸好后的鲶鱼烧至熟透入味，用水淀粉勾芡，滴入香油出锅装盘即成。

特 点 鱼肉软嫩，蒜香味浓。

双椒鲈鱼

原 料

主料：鲈鱼一条约600克。配料：青红美人椒、鲜花椒各5克，绿豆芽150克。调料：鱼汁30克，鸡蛋清1个，盐2克，味精2克，姜汁5克，生粉20克。

做 法

1. 把鱼去除鳞和鳃，去除内脏，洗净，将鱼头鱼尾切除掉，鱼头切开，鱼中段的肉骨分开，把鱼肉片成片，鱼骨、肉均用盐、味精、姜汁、蛋清、生粉腌制。

2. 青红美人椒切成马耳片，绿豆芽炒熟后放至盘中，倒入鱼汁。

3. 锅中倒入白开水，烧开，将鱼骨煮熟，捞出摆在鱼盘里。再把鱼肉在锅中煮熟，捞出放在鱼骨上面。

4. 锅中倒入少许色拉油，烧热，将青红美人椒和鲜花椒炒香，倒入鱼肉上面，装盘即可。

特点 鱼肉鲜美，鲜咸适口。

一鱼两吃

原料

主料：鲜鲤鱼一条（750克）。配料：水发木耳15克。调料：葱2段、姜2片、蒜片10克、鸡蛋清25克、湿淀粉10克、鸡汤100克、香糟酒20克、白糖25克、姜汁5克、精盐3.5克、酱油15克、料酒15克、味精3.5克、清汤500克、熟猪油（白油）765克（约耗35克）、花椒油10克、花生油1000克（耗50克）。

做法

1. 将鱼刮去鳞，挖鳃，去内脏洗净。将头尾切下，鱼中段备用。鱼头剖开一分为二，鱼尾两面打上一字花刀。将鱼中段用凉水泡2小时，捞出沥去水，坡着刀片成2.6厘米见方、0.17厘米厚的片，用鸡蛋清、湿淀粉（6克）抓匀浆好。

2. 勺内加花生油，烧至八成热时，将鱼头尾抹上一层酱油，下入油内炸至皮面红色时捞出。

3. 勺内加白油、白糖炒至鸡血红色时，放入清汤、酱油、料酒（10克）、葱段、姜片、蒜片，烧开后撇去浮沫，放入炸好的头尾，用微火煨至汤汁约剩二分之一时，将鱼头尾取出，盛入鱼盘内，汤汁内再放入料酒（5克）、味精（1.5克），剔去葱段、姜片，用湿淀粉勾稀芡，淋上花椒油，浇在鱼尾上面。

4. 将炒锅置于微火上，倒入熟猪油烧到四成热时（刚一起白泡），把鱼片逐片下入锅里（用筷子拨散，勿使粘在一起），滑到五六成熟，倒入漏勺里沥去油。水发木耳在开水中稍烫，捞出散放在红烧鱼头尾的鱼盘里。

5. 将鸡汤、姜汁、精盐（0.5克）、白糖（10克）一起放入汤勺

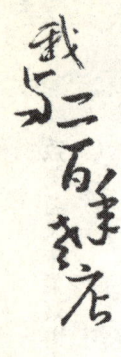

里，用旺火烧开后，下入鱼片，撇去浮沫，倒进香糟酒。把湿淀粉（4克）用5克水调匀，慢慢地淋入汤里，使湿淀粉与汤混合均匀。然后，沿勺边淋上熟猪油（5克），翻勺后再淋入熟猪油（5克），倒在木耳上即成。

特点 红烧头尾口味鲜咸，鱼片柔软滑嫩，不破不碎，味美而略甜，并有醇厚的糟香味。

百菌烩鱼头

原料

主料：胖鱼头1个（500克）。配料：鸭血1盒150克，白豆腐250克，山珍150克，油菜5棵。调料：盐4克，味精6克，胡椒粉2克，高汤、葱姜蒜片各少许，色拉油25克，鸡油15克。

做法

1. 鱼头去除鳞和鳃，从背部开刀去除内脏，洗净，在鱼背上每隔3厘米剞上斜刀。
2. 鸭血、白豆腐切成1厘米的片，山珍、油菜洗净备用。
3. 锅里倒入色拉油烧至六成熟，将鱼头炸成三分熟，捞出。
4. 留油在锅底，油热后放入葱、姜、蒜，煸出香味，放入鱼头、料酒、高汤、盐、味精、胡椒面煮开锅，再放入鸭血、豆腐、山珍，煮15分钟，至汤呈奶白色，放入油菜，淋上鸡油。

特点 鱼肉鲜嫩，汤味可口。

五柳鱼

原料

主料：活鲤鱼一尾（约重750克）。配料：冬笋丝25克，香菇丝25克。调料：红辣椒丝25克，葱丝10克，姜丝10克，白糖50克，醋50克，料酒20克，酱油20克，精盐2克，味精3克，猪油30克，香油10克，姜汁10克，水淀粉50克，清汤100克。

做法

1. 将活鲤鱼去鳃、鳞、鳍，开膛去脏，洗净，在鱼身两面每隔七分剖成直刀。用开水烫一下，捞出控净水，装入盘内，再将香菇丝、笋丝、红辣椒丝分别码在鱼身上。

2. 加料酒（10 克）、味精（2 克）、猪油、精盐，上屉蒸约六七分钟取出。将汤滗在汤勺里，加入清汤，调入料酒（10 克）、酱油、白糖、葱丝、姜丝、醋、味精（1 克）、姜汁，上旺火烧开，撇去浮沫，用水淀粉勾芡，洒上香油，浇在鱼身上即成。

特点 色形美观，红、褐、白、黄诸色相间，鱼肉鲜嫩，味道甜酸咸香。

锅㸆香菇盒

原料

主料：鸡脯肉 50 克，猪肥膘肉 50 克，鱼肉 25 克，水发香菇 175 克。配料：荸荠 25 克，鸡蛋 4 个，干面粉 50 克。调料：精盐 2 克，料酒 20 克，味精 3 克，葱米 10 克，姜米 10 克，姜汁 10 克，猪油 500 克（约耗 75 克），香油 20 克，清汤 100 克。

做法

1. 水发香菇选用大小均匀的 36 个，用剪刀剪成六分见方的圆形，用开水洗净，挤净水。鸡脯片去皮筋，鱼肉剔去刺，与猪肥膘、荸荠一起砸成细泥，加入味精（1.5 克）、料酒（10 克）、精盐（1 克）、香油（10 克）、葱米（5 克）、姜米（5 克）、鸡蛋（1 个）拌匀成馅。

2. 将剪好的香菇正面朝下平放案子上，把馅挤成丸子，放在香菇上面。再将香菇的正面向上扣于丸子上，用手轻轻按一下，两面粘上干面粉放在盘里待用。再把鸡蛋（三个）磕在碗内，搅匀成糊。

3. 炒勺里放入猪油烧至四成热，将香菇盒蘸上蛋糊下入炒勺内，用微火把两面煎透㸆熟，捞出控去油，择去蛋渣。

4. 炒勺里放入猪油（25 克）烧热，加入葱米（5 克）、姜米（5 克）烹锅，调入料酒（10 克）、味精（1.5 克）、姜汁、精盐（1 克），下入清汤，随即放入㸆好的香菇盒，移至微火，㸆至汤汁浓时，浇上香油（10克），倒盘即可。

特点 色泽鲜艳，清爽适口。

琵琶大虾

原料

主料：对虾13个（约重1000克）。配料：火腿50克，黄瓜100克，生菜心1棵。调料：鸡蛋清4个，面粉5克，干淀粉2.5克，绍酒5克，精盐2克，味精5克，熟猪油500克（约耗125克）。

做法

1.将对虾去头，剥去外皮（其中10个保留虾尾），抽掉脊背的沙线。将10个带尾的虾，从腹部片开（脊背不要片断）成1大片，用刀轻轻地划断虾筋，再切去头部一端的棱角，使之成为琵琶虾托的形状。

2.将鸡蛋清打成泡沫状的糊，余下的3个对虾砸成虾泥，加入绍酒、精盐、味精（2.5克）、面粉、干淀粉（1.5克）和熟猪油（25克）拌匀。再将蛋清糊分2次掺入虾泥肉，搅成虾糊。

3.火腿选长条块（长度与虾相同）切成宽厚各为0.17厘米的细长条。黄瓜洗净只取用瓜皮，切成与火腿同样的细长条。生菜心洗净消毒后，劈开铺在盘底。

4.将干淀粉（1克）研成细面，把琵琶虾托逐个平放在上面，使虾托的底面沾匀一层淀粉，上面撒上味精（2.5克），再均匀地抹上一层虾糊。取1根火腿条竖着粘在虾托的中间，两边各粘上1根黄瓜条和1根火腿条（象征五条琴弦）。如此将10个琵琶大虾做好。

5.将熟猪油倒入炒锅内，在旺火上烧到四成热时，逐个下入做好的琵琶大虾，用手勺轻轻推动几下，以防粘锅底。待油烧到六成热时，将炒锅移在微火上炸2分钟，再改用旺火炸1分钟，炸到虾肉内部发硬时捞出。用刀从虾身中间横断两截，对好刀口，保持大虾形状的完整，尾部朝外，整齐地摆在铺好生菜的盘中即成。此菜可蘸花椒盐、辣椒油同食。

特点 菜色金黄，外脆里嫩，风采别致。

凤尾大虾

原料

主料：大虾 750 克，豌豆 60 克。调料：蛋清、味精、葱段、精盐、料酒、玉米粉、鸭油、鸡清汤各适量。

做法

1. 豌豆入沸水中烫 2 分钟，冷水浸凉控干，大虾剥壳，去头留尾，用清水洗净放盘中，加蛋清、精盐、玉米粉待用。

2. 锅放鸭油烧热，放入大虾，待虾肉呈白色，虾尾呈红色时，倒入漏勺控油。另用油锅烧热，放葱段、豌豆搅炒，放入调料，勾芡，与大虾混匀，再淋入鸭油即可。

特点 形如凤尾，鲜嫩味美。

百花大虾

原料

主料：大虾 10 个，生鸡脯肉 200 克。配料：香菜叶 25 克，火腿 20 克，黄蛋糕 20 克。调料：鸡蛋清 2 个，清水 100 克，葱姜末 10 克，精盐 3 克，味精 2 克，料酒 10 克，清汤 150 克，湿淀粉 50 克，鸡油 15 克。

做法

1. 大虾去头，去皮，留尾洗净。从脊背部片开（腹部连接）呈一大片，每片用刀轻轻剞上十字花刀，撒上精盐、味精、料酒腌约 10 分钟。

2. 鸡脯肉去筋剁成细泥，加入葱姜水，清水，蛋清，精盐，料酒，味精搅匀成馅。然后均匀地抹在大虾上（要抹光平）。火腿、黄蛋糕切成各种小花瓣状，与香菜叶一起在 10 个大虾上摆出各种不同小花，入笼蒸熟取出，整齐地摆在大平盘内。

3. 勺内加入清汤、精盐、料酒，烧开后撇去浮沫，用湿淀粉勾芡，加入味精，浇在百花大虾上，淋上鸡油即成。

特点　风采别致，肉味鲜嫩，形似花坛。

油焖大虾

原料

主料：对虾 500 克。配料：青蒜 5 克。调料：鸡汤 100 克，葱末 7.5 克，姜末 7.5 克，绍酒 15 克，精盐 1.5 克，味精 2 克，白糖 20 克，熟猪油 50 克，芝麻油 30 克。

做法

1. 将新鲜对虾用凉水洗净，剪去虾腿、虾须和虾尾，由头部开一小口取出沙包，再将虾背划开，抽出沙线，切成 3 段（小虾可切成 2 段）。青蒜去根洗净消毒，切成 3.3 厘米长的段。

2. 将熟猪油倒入炒锅里，置于旺火上烧到五六成热，下入姜末、葱末和对虾段，煸炒几下，加入绍酒、精盐、白糖、鸡汤、芝麻油、味精。待汤烧开后，盖上盖，移到微火上焖约 5 分钟，再改用旺火焖。当汤汁已浓时，撒上青蒜段即成。

特点　成菜红艳油亮，滋味鲜、香、甜、咸。

两做大虾

原料

主料：大虾 12 个，鳜鱼肉 50 克。配料：面包、麻油适量，鸡蛋 1 个，胡萝卜、冬笋、香菇各少许。调料：香油、花生油、精盐、味精、白糖、料酒、葱姜末各适量。

做法

1. 选整齐的虾 10 个，截去虾枪和虾腿，截成头尾两段，去沙包和沙线，再去掉虾壳，留好虾尾，用刀拍平，备用。

2. 将剩余虾和鱼肉斩成茸，加鸡蛋、味精、盐、淀粉拌成馅，面包切成长方形片，用虾馅把虾尾镶在面包片上成虾尾托，蒸熟。

3. 将虾头用油煎好，放在盘中立一圈，再把虾尾托炸好放在头后，用香菇、胡萝卜、冬笋、芝麻点缀尾托。即可上桌。

特点　柔软滑爽，鲜香浓郁，久吃不腻。

锅贴虾仁

原料

主料：青虾仁 200 克。配料：蛋清一个，火腿米 10 克，面包 100 克。调料：湿淀粉 50 克，味精 1.5 克，精盐 2 克，香菜叶少许，猪油 100 克。

做法

1. 将三分之二的虾仁用净布搌干水，然后加入蛋清（半个）、味精（1 克）、精盐（0.5 克）、湿淀粉（25 克），抓匀浆好。将三分之一的虾仁剁成细泥，加入蛋清（半个）、味精（1 克）、精盐（1 克）、湿淀粉（25 克）搅匀。

2. 将面包硬边切掉，切成八片（每片一寸五长、一寸宽、二分厚），平放案上，将虾泥均匀抹平，然后再把浆好的虾仁顺序摆于面上（可摆成各种美观形式的图案），粘上香菜叶和火腿米。

3. 炒勺内注入猪油，烧到五成热，将虾托面向下放入油中炸（虾托浮起，将炒勺端离火慢炸）。虾泥将熟时，用筷子翻一个过，稍炸，面包呈金黄色捞出，控净油，码在盘中即成。

特点 酥脆鲜香，肉质极嫩，是佐酒佳肴。

炸虾球

原料

主料：净虾肉 200 克，猪肥肉膘 40 克。调料：鸡蛋清 1 个，湿淀粉 20 克，精盐 3 克，料酒 10 克，味精 1 克，花椒盐 15 克，猪油 750 克（耗 50 克）。

做法

1. 将净虾肉与肥肉膘均剁成细泥放入一碗内，加鸡蛋清、湿淀粉、精盐、料酒、味精搅匀。

2. 勺内放入猪油，烧至五成热时，将虾肉泥挤成直径 2 厘米大的丸子，逐个下入油内，并不断翻动，逐渐涨大，炸至金黄色时捞出装入盘内，撒上花椒盐即成。

特点 色泽金黄、酥嫩鲜香。

炸虾托

原料

主料：净虾肉 200 克，猪肥肉膘 50 克。配料：火腿末 20 克，香菜叶 30 克，咸面包 100 克。调料：花生油 100 克（约耗 50 克），精盐 3 克，味精 2 克，料酒 10 克，鸡蛋清 1 个，湿淀粉 3 克。

做法

1. 将虾肉和肥肉膘剁成细泥放入一碗内，加鸡蛋清、味精、精盐、料酒、湿淀粉搅匀。面包去硬皮切成 5 毫米的象眼块。将虾肉泥抹在面包片上，中间撒一道火腿末，两边点缀上香菜叶成为虾托。

2. 勺内加入花生油，烧至四五成热时，将虾托馅朝下放入油内炸熟至金黄色时，捞出控净油，摆在盘内即成。

特点 外形美观，虾馅鲜美。

清炒虾仁

原料

主料：虾仁 300 克。配料：青豆 50 克。调料：鸡蛋清 1 个，湿淀粉 15 克，精盐 4 克，料酒 10 克，味精 2 克，清汤 50 克，葱、姜末各 5 克，猪油 500 克（耗 50 克）。

做法

1. 将虾仁洗净控干水分放入碗内，加入鸡蛋清、湿淀粉、精盐、料酒、味精抓匀。青豆用开水氽透，凉水过凉。

2. 将清汤放入一个碗内，加味精、料酒、精盐对成汁。

3. 勺内加入猪油，烧至五成热时，下入虾仁，用铁筷子拨散滑透，倒入漏勺内。

4. 勺内加入猪油，用葱、姜末炝锅放入青豆微炒，下入虾仁翻炒一下，随即倒入对好的汁颠翻出勺，盛入盘内即成。

特点 虾仁光洁，晶莹，肉质脆嫩，咸鲜适口。

腰果虾仁

原料

主料：虾仁200克，腰果50克。配料：黄瓜丁50克，胡萝卜丁10克。调料：鸡蛋清半个，葱姜片各3克，盐2克，味精2克，料酒15克，湿淀粉25克，色拉油50克，葱油5克。

做法

1. 虾仁去沙线以后，用盐、姜汁、蛋清、生粉腌制。

2. 黄瓜去皮，与黄瓜心切成1厘米的片。胡萝卜和黄瓜切法相同，腰果用油炸熟备用。

3. 锅内倒入色拉油，烧至四成热，虾仁滑熟，倒入黄瓜、胡萝卜，稍微煸炒，立即出锅，控净油。

4. 锅里放入葱姜片，稍微煸炒后，倒入滑好的虾仁，放入味精、料酒、湿淀粉，快速翻炒，点上葱油即可。

特点　虾仁粉白滑嫩，腰果杏黄酥脆，味咸鲜香。

金毛天娇虾

原料

主料：草虾10只。配料：脆皮糊150克，土豆1个，200克，炼乳15克。调料：盐5克，味精3克，姜汁5克，色拉油200克。

做法

1. 将草虾去头去壳，把虾尾留在虾肉上，虾开背去掉沙线，洗干净，用盐、味精、姜汁腌制入味。

2. 土豆去皮切成细丝，入油锅炸至金黄色备用。把脆皮糊用水和25克色拉油调成糊，把虾放在脆皮糊里面浸透裹匀。

3. 锅里倒入色拉油，烧成五成热，把每只虾裹上脆皮糊放入油锅炸熟，炸好后放入盘中摆好。虾上淋上炼乳，最后在虾上面放上炸好的土豆丝即可。

特点　虾肉外焦里嫩，口味醇香。

农家小河虾

原料

主料：小河虾 250 克，玉米片 100 克。配料：小米辣、香芹各 20 克，小葱花 10 克。调料：精盐 4 克，味精 2 克，香油 3 克，湿淀粉 10 克，色拉油 100 克。

做法

1. 将小河虾在开水中煮 1 分钟，捞出控净水，撒上淀粉备用。小米辣、香芹切成段。

2. 锅里倒入色拉油，烧成六成熟，把玉米片炸熟，捞出备用。锅内倒入小河虾，炸至金黄色，外焦里嫩，倒入漏勺，控净油。

3. 将小米辣和香芹在油锅中煸出香味，倒入小河虾和玉米片，放入精盐、味精、香油、小葱花，翻炒即成。

特点 外焦里嫩，色泽金黄，微辣鲜咸。

鸡鸭类

香酥鸭

原料

主料：宰好的鸭子1只1250克。配料：精盐20克，酱油75克，料酒10克，葱姜片75克，八角5克，花椒5克，花生油1500克（耗150克）。

做法

1. 鸭子洗净后，剁去小腿骨，用花椒、精盐在鸭身上内外搓匀，再放上葱姜、八角、花椒、酱油、料酒，腌约三小时取出，放入盘内，上笼用旺火蒸烂取出，滗去汤汁。

2. 勺内加入花生油，烧至九成热时，放入鸭子，炸制成紫红色时取出，切刀摆入盘内即成。

上桌时，外带一碟辣酱油，一碟花椒盐。

特点　色泽枣红，外酥里浓，香味扑鼻。

锅烧鸭

原料

主料：鸭子1只1250克。配料：大葱白100克，甜面酱100克，鸭饼10张，萝卜条100克。调料：精盐10克，料酒15克，味精2克，葱段100克，姜片50克，葱姜丝15克，鸡蛋1个，干面粉10克，湿淀粉75克，花生油1500克（耗75克）。

做法

1. 将鸭子从背部打开，去掉鸭头，鸭掌及小腿洗净，用开水氽透，再放开水锅中加葱段、姜片、精盐、料酒煮熟取出，剔去骨，用精盐、味精、料酒、葱姜丝稍腌。碗内打入鸡蛋，加干面粉、湿淀粉调成糊。

2. 勺内加入花生油，烧至七成热时，将鸭子挂上蛋糊，下入油内，炸至金黄色时，捞出控净油，改成长条，摆入盘，呈马鞍形。

3. 葱白切长条，与萝卜条、鸭饼、甜面酱各盛入小碟内，同鸭条一起上席即成。

特点 肉烂皮脆，颜色油光红润，味道醇厚、浓郁。食后齿颊留香，回味无穷。

炒全鸭

原料

主料：鸭掌4个，鸭舌6个，鸭膀4个，鸭胰6条，鸭胗3个，鸭心3个，鸭肝100克，熟鸭肉50克。调料：鸡鸭汤100克，湿淀粉10克，青蒜段5克，葱段5克，酱油10克，绍酒15克，味精2克，醋30克，精盐10克，葱姜油50克，熟鸭油400克（约耗40克）。

做法

1. 把青蒜段、葱段、鸡鸭汤、湿淀粉、酱油、绍酒、味精、精盐（1克）、醋（5克）放在一起，调成芡汁。

2. 把已加工好的鸭掌、鸭舌、鸭膀、鸭胰、鸭胗、鸭肝、鸭心、鸭肉都用水烫一下，迅速捞出。

3. 将熟鸭油倒入炒锅内，置于旺火上烧到八成熟，放入鸭掌等8种原料过一下油，立即倒入漏勺内，沥去油。把炒锅再放在旺火上，倒入葱姜油（40克）烧热，下入已过油的原料，烹入芡汁，淋上葱姜油（10克）即成。

特点 其菜红、白、绿相间，嫩、脆、软兼有，滋味清鲜，爽口不腻。

清蒸炉鸭

原料

主料：烤鸭一只，约重2250克。调料：精盐3克，葱段25

克，姜块 15 克，料酒 10 克，清汤 500 克。

做法

1. 将烤鸭剁去头，再剁成八分见方的块，整齐地码在蒸碗里，放上葱段、姜块、精盐（2 克）、清汤，上屉蒸烂取出。

2. 捡去葱、姜，汤滗在汤勺内，鸭子扣于海碗中。把滗入汤汁的汤勺上火，放入料酒、精盐（1 克）烧开，撇去浮沫，浇在鸭块上即可。

特点 鸭肉软烂，味道清香。

清蒸鸭

原料

主料：当年鸭一只，重 1750 克。配料：火腿片 50 克，水香菇 25 克，青菜心 25 克，葱段 25 克，姜片 10 克，花椒少许。调料：味精 1 克，料酒 7 克，盐 10 克，鲜汤 4 勺。

做法

1. 将初步加工好的鸭子，从脊开口挖去五脏，洗净，剁掉膀尖、掌尖，用刀拍断脊骨和脖骨，放鲜汤锅内煮烂捞出。

2. 用净布一块铺在案板上，将鸭子肚朝上放在布上。用手将鸭骨抽净，鸭肉拿净，剁掉鸭头。将鸭皮洗净，外皮朝下铺在碗内。将鸭脯肉撕成劈柴块，放在鸭皮上；其余的肉撕开和骨头依次放在上边，鸭头破开放在最上边，再加入葱、姜、花椒、盐，添入鲜汤，上笼蒸至浓烂，去掉葱、姜、花椒。原汁滗在锅内，鸭子合在大碗内，火腿片搭在鸭前部，菜心搭在后部，香菇搭在中间。锅内汤少时，再添些鲜汤，加入味精、料酒；汤沸时，尝好味道，浇在鸭身上，即可食用。

特点 色泽浮白，汤鲜肉烂，浓而不腻。

糟烩鸭条

原料

主料：熟鸭肉 150 克。调料：香糟酒 50 克，葱油 15 克，酱油

7 克，料酒 10 克，味精 2 克，盐 1 克，团粉 25 克，毛汤 200 克，毛姜水 50 克。

做法

1. 将熟鸭肉切成 1 寸长的条。

2. 将毛汤下锅烧开。加入香糟酒、酱油、料酒、味精、盐、毛姜水，开起后，打去浮沫，调好色味，淋入水团粉，勾成薄芡；接着把鸭条下开汤锅内氽透，控净水分，下入芡内，轻轻搅匀，淋上葱油，盛汤盘内即成。

特点 肉质软嫩，汤味清鲜，有浓郁的糟香味。

叉烧鸭腿

原料

主料：鸭腿 2 根。调料：饴糖 50 克，白酒 1 汤匙，黑胡椒粉 3 克，盐 5 克，姜片 50 克，葱段 50 克，花椒 6 粒。

做法

1. 鸭腿洗净后反复用开水浇烫五六次，使鸭皮膨胀。撒上盐、白酒、黑胡椒粉，再加入姜片、蒜片揉匀腌两个小时后擦去表面水分，刷上一层饴糖（饴糖加水 250 克调稀），放在通风处晾干。

2. 用铁叉子将鸭腿架在燃烧的木炭上，将整个鸭腿烤成枣红色即熟。

特点 鸭皮香脆，肉质软嫩。

烩鸭四宝

原料

主料：熟鸭脯肉 100 克，熟鸭舌 50 克，熟鸭胰 150 克，熟鸭掌（脱骨）100 克。调料：鸡鸭汤 1250 克，湿淀粉 15 克，香菜末 1 克，葱末 1 克，胡椒粉 1 克，酱油 10 克，精盐 2.5 克，绍酒 25 克，味精 2.5 克，醋 10 克，葱姜油 5 克，芝麻油 5 克。

做法

1. 将熟鸭脯肉切成长 2.6 厘米，宽 1.6 厘米，厚 0.3 厘米的片。

熟鸭胰切成长 1.9 厘米的段。熟鸭掌每个在腕部横切 1 刀,再把掌部竖切两半,共成 3 块。

2. 将鸭脯肉、鸭舌、鸭胰、鸭掌在开水锅中氽一下,捞在砂锅里,放入鸡鸭汤（250 克）、酱油（5 克）、精盐（1 克）、绍酒（10 克）,在旺火上烧开后,倒在漏勺中,沥去汤。

3. 将炒锅至于旺火上,倒入鸡鸭汤（1000 克）,放入酱油（5 克）、精盐（1.5 克）、绍酒（15 克）烧开,撇去浮沫,随即倒入鸭脯肉、鸭舌、鸭胰、鸭掌和味精,淋上调稀的湿淀粉勾芡,再下入醋、胡椒粉和葱姜油、芝麻油,撒上香菜末和葱末即成。

特点 鲜香炙口,酸中带辣,开胃生津,引起食欲。

芝麻鸭肝

原料

主料:鸭肝 200 克。配料:芝麻 50 克。调料:葱米 10 克,姜米 10 克,干面粉 10 克,料酒 5 克,精盐 2 克,味精 1 克,鸡蛋 2 个,花生油 750 克（约耗 75 克）。

做法

1. 将鸭肝洗净,切成片（大的切成 3 片,小的切 2 片）,再用净布搌去水,然后再用料酒、精盐、味精、葱米、姜米拌匀腌好。鸡蛋磕入碗中,搅成蛋糊待用。

2. 将鸭肝两面粘一层干面粉,再挂上蛋糊,放入盆中均匀地粘一层芝麻,用手轻轻压一压以使芝麻粘牢。

3. 炒勺放入花生油,微火烧至六成热时,将粘上芝麻的鸭肝片逐片下入油里,待炸成金黄色,再上旺火,稍炸即捞出控去油,倒入盘中即成。

特点 酥、香、焦、嫩。

香酥鸭方

原料

主料:白条鸭 1 只,1750 克。配料:荷叶饼 12 个。调料:盐

5克，料酒20克，酱油20克，淀粉100克，色拉油1500克，葱姜片各30克，香料（大料、香叶、丁香、沙仁、茴香、朝果等各3克），椒盐5克。

做法

1. 将鸭子从背上开刀，去掉鸭头、鸭掌和内脏。将鸭肉洗净，用酱油、料酒腌制。把鸭子放在托盘里，再放入各种香料和葱姜，上蒸箱里蒸3小时，将鸭子的肉骨蒸烂，将鸭子里的骨头剔干净，再把鸭肉摆放在托盘里，摆放平整。将湿淀粉撒在鸭肉上，再撒上干淀粉。

2. 将鸭肉放入另一个托盘，放入冷库冷藏3小时，取出切成8厘米长、4厘米宽的块，共切成12块鸭方。把每块鸭方沾上淀粉，把12块荷叶饼放入蒸箱蒸透待用。

3. 锅内倒入色拉油烧至六成热，放入鸭方，炸成外焦里嫩，捞出摆放在盘里，把荷叶饼从蒸箱里取出。两块鸭方之间放一个荷叶饼摆好，把椒盐摆放在盘子中间即可。

特点 皮酥里嫩，香料突出。

香酥鸡

原料

主料：净鸡1只，约重1250克。调料：大料1克，花椒2克，桂皮、丁香少许，葱段20克，姜片10克，酱油50克，料酒20克，湿淀粉50克，花椒盐5克，味精3克，花生油1000克（耗100克）。

做法

1. 从鸡的脊背开膛，去内脏，剁去爪子和膀尖，清水洗净，放在盆里，加入酱油、料酒、花椒盐、味精，腌2、3小时，然后装蒸碗，放上葱段、姜块、丁香、大料、花椒、桂皮，原汤上屉蒸烂，取出捡去副料。

2. 炒勺坐在旺火上，倒入花生油烧至八成热，速将鸡倒入漏勺控去汤，把鸡下入热油里，用漏勺翻着炸，待炸呈枣红色时，捞出控去油，扣在盘中即成。

特点　此菜呈枣红色，鸡皮酥香，肉烂味美。

纸包鸡

原料

主料：鸡脯肉 200 克。配料：香菜叶 3 克，火腿 10 克。调料：精盐 1.5 克，料酒 10 克，味精 1 克，香油 25 克，酱油 5 克，葱姜丝共 3 克，玻璃纸一大张，猪油 500 克（耗 40 克）。

做法

1. 将鸡脯肉切成长 4 厘米，宽 1.5 厘米，厚 2 毫米的薄片。火腿切成很小的象眼片，香菜取 10 个叶片洗净。取一碗，放入鸡片，加精盐、酱油、料酒、味精、香油、葱姜丝拌匀。玻璃纸改成 15 厘米见方的块共 12 张，每张铺在板子上，先在底层用香菜叶与火腿点缀上小花形，再将鸡片放入，逐个包好。称"纸包鸡"。

2. 勺内加入猪油，烧至四成热时，将纸包鸡下入，炸至漂起，油冒细泡时，把纸包鸡捞出，整齐地摆在盘内即成。

特点　鸡肉原汁原味，肉嫩鲜美，甘香可口，滑而不腻。

锅贴鸡

原料

主料：鸡脯 200 克。配料：面包 100 克，猪肥膘肉 50 克。调料：料酒 5 克，精盐 2 克，味精 2 克，葱米 5 克，姜米 5 克，猪油 75 克，蛋清 1 个，湿淀粉 15 克，香菜叶 5 克，火腿米 10 克，花椒盐 10 克。

做法

1. 将鸡脯剔去脂皮，择去筋，和猪肥膘肉一起剁成细泥，放在碗内，加入蛋清、料酒、葱米、姜米、精盐、味精、湿淀粉拌匀成泥。面包切去硬皮，横切成二分厚的片，然后将和好的鸡泥，均匀地抹在面包上面，再粘上香菜叶、火腿米成为鸡泥面包托。

2. 猪油放在炒勺内，烧至六成热，下入鸡泥面包托，用漏勺翻炸，待呈金黄色，捞出控去油，切成三分宽的条，整齐地码在盘中即可。

特点 菜色金黄，酥脆醇香，食用时可蘸花椒盐。

铁板锡纸鸡

原料

主料：鸡腿400克。配料：尖椒20克，青笋片20克。调料：蒜米50克，盐3克，味精3克，糖3克，花生酱5克，葱姜片各5克，小葱50克，香油5克，料酒10克，高汤150克，锡纸1张长宽各50厘米，铁板1个，鸡酱（阿香婆酱、香辣酱、麻辣香酱炒制成待用）适量，色拉油1000克。

做法

1. 将鸡腿切成3厘米的块，尖椒切块，青笋切成菱形片。小葱切段，把切好的小葱放在锡纸上面待用。

2. 锅里放水烧开，倒入鸡块余透，捞出控净水。

3. 锅内倒入色拉油烧至四成热时，倒入鸡块，滑成七成熟，放入蒜米一起出锅。

4. 锅内倒入少许色拉油，将葱姜、花生酱、鸡酱入锅炒香，倒入鸡块、料酒、高汤、盐、味精、糖，烧至5分钟，放入尖椒、青笋，烧至2分钟，倒入香油，出锅倒入锡纸上包好。把铁板烧热后，把包好的鸡块放在铁板上。

特点 酱香突出，鸡块鲜嫩、微辣。

砂锅鸡

原料

主料：净鸡1只约重1500克。配料：水发香菇5克。调料：精盐1.5克，姜汁2克，料酒50克，味精2克，白糖2克，葱段6克，蒜片6克，姜片6克，湿淀粉20克，熟鸡油50克，葱丝、椒丝少许。

做法

1. 将熟鸡油放入汤勺内，置于旺火上烧热，下入葱段、姜片，炸成金黄色时，烹上料酒，倒入清水煨成浓汤，熬好汤后再加入适量盐等调味。

2. 把上好的光鸡原只放进浓汤内，用慢火慢慢浸熟，使汤油充分融合变成白汤。

3. 把砂锅烧热，将水发香菇、蒜、葱和姜片等配料切好，加油放入砂锅中爆香。将浸熟的鸡斩成块，放进热的砂锅里面，然后加适量的料酒和鸡汤汁。最后将一些葱丝、椒丝放在鸡肉上面做装饰。

特点 鸡肉原汤原味，口感好，味道浓郁。

锅烧笋鸡

原料

主料：笋鸡二只，重1000克。配料：净鸡胗一个，净鸡肝二个。调料：料酒15克，精盐2克，味精3克，酱油50克，醋10克，湿淀粉25克，清汤100克，葱丝25克，蒜片25克，姜汁5克，花生油1000克（约耗100克），猪油25克。

做法

1. 将笋鸡从肛门开膛，去内脏洗净，用开水煮至八成熟时捞出，用酱油（20克）腌六分钟。鸡胗打成十字花刀，切成三块。鸡肝去掉染有胆汁的部分，片成片。葱丝、蒜片与酱油（30克）、料酒、精盐、味精、醋、湿淀粉、姜汁、清汤，均放在一个碗里，兑成熘汁。

2. 炒勺内放入花生油烧热，下入腌好的笋鸡，微火炸呈金黄色，再上旺火炸透，捞出控净油。鸡胗、鸡肝用开水氽透，控去水，倒入热油里稍冲一下，捞出放于碗中。

3. 将炸好的笋鸡拆去骨，撕成条，鸡腿垫底，摆入盘中。

4. 炒勺放入猪油，上火烧热，倒入兑好的熘汁，再下入鸡胗、鸡肝，勾成熘汁，倒入碗中即成（上菜时熘汁随着笋鸡单独上）。

特点 皮酥肉嫩，蘸着熘汁吃更为适口。

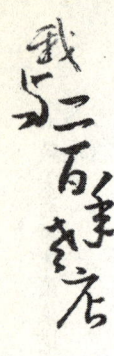

黄焖鸡块

原料

主料：净雏鸡1只500克。调料：精盐3克，酱油20克，甜面酱40克，清汤500克，白糖20克，葱段20克，姜片10克，葱油20克，猪油70克。

做法

1. 将鸡洗净，剁去嘴、爪、翅尖，从背部劈成两扇，剁成3厘米见方的块。

2. 勺内加入猪油，烧至六成热时，放入白糖炒至鸡血红色时，加入甜面酱炒出香味，随即倒入鸡块煸炒上色，加入葱姜，烹入酱油、清汤、精盐烧开后，加盖炖至鸡有八成熟时，放入料酒，用中火㸆至汤浓稠时，淋上葱油，颠翻均匀出勺，盛入盘内即成。

特点　肉质酥烂，色泽红亮，香浓味美，健胃暖身。

炸八块

原料

主料：净雏鸡1只400克。调料：精盐3克，酱油30克，湿淀粉50克，料酒15克，葱丝10克，姜丝10克，花椒盐5克，花生油1000克。

做法

1. 将鸡洗净，剁去嘴、爪、翅尖，再剁成八块（脖、臀各1块，腿、翅、脯各2块），然后逐块用刀面拍一拍，刀被砸一砸，剔去两条大腿骨，放入盆内，用精盐、酱油、料酒、葱姜丝腌片刻。

2. 勺内加花生油，烧至五成热时，将鸡块挂一层湿淀粉糊，下入油内稍炸，将勺移至微火上慢炸，至金黄色时捞出。将勺上旺火，烧至八成热时，再下入鸡块一触，随即捞出，沥净油，原样摆入盘内。上桌时外带花椒盐、辣酱油即可。

特点　形如整鸡卧盘，色泽金黄，"八块"饱满，外脆里嫩，鲜香诱人。

香酥鸡腿

原料

主料：鸡腿10根约1000克。调料：精盐15克，酱油50克，料酒10克，葱姜片50克，大料、花椒各5克，桂皮、丁香少许，花生油1000克（约耗100克）。

做法

1. 鸡腿洗净，除净茸毛后，用洁布吸干水分，用花椒、精盐搓匀，腌约2小时。再将鸡腿放入小盆里，加入葱姜、丁香、桂皮、大料、花椒、酱油、料酒及少量清汤，上笼蒸烂，取出葱段、姜片、丁香、桂皮、大料。滗去汁水，沥干，待用。

2. 勺内放入花生油，烧至八成热时，将鸡腿抹一层酱油，下入油内炸，并随时翻转，炸至呈金黄色时，倒入漏勺，沥去油，逐只炸透，捞出摆在盘内即成。上桌时，带一小碟花椒盐。

特点 成菜色泽金黄，鸡腿外焦里嫩，香酥松脆，清香可口。

炒芙蓉鸡片

原料

主料：鸡脯肉150克，鸡蛋清4个。配料：水发香菇15克，火腿15克，黄瓜25克。调料：精盐4克，料酒15克，味精1.5克，鸡蛋清1个，清汤20克，葱姜末10克，湿淀粉25克，猪油500克（耗50克）。

做法

1. 将鸡脯肉片成薄片，放入碗内，加入鸡蛋清1个，精盐，湿淀粉抓匀。香菇、火腿、黄瓜均切象眼片。

2. 取一汤盘，加入四个鸡蛋清、清汤（比例1∶1）、精盐用筷子搅匀，上笼用慢火蒸15分钟，熟透时取出。

3. 勺内加入猪油，烧至四成热时，下入鸡片，用铁筷子拨散滑透捞出。勺内留底油，加入葱姜末炝锅，加清汤、精盐、料酒、冬菇、黄瓜，开锅后撇去浮沫，加鸡片、火腿、味精，用湿淀粉勾溜

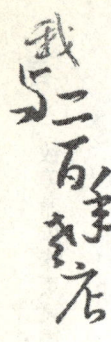

芡出勺浇在芙蓉底上即成。

特 点 色白如雪，质地细腻，软嫩鲜香，为山东风味名菜之一。

芫爆鸡片

原料

主料：生鸡脯肉200克，蛋清2个，粉芡20克。配料：老蛋糕50克，荸荠3个，水发香菇、水发玉兰片各25克，豌豆10克，青蒜、姜米少许，火腿10克。调料：味精1克，料酒5克，盐5克，鲜汤半勺，猪油250克（实耗75克）。

做法

1. 将鸡脯肉顶丝片成大雪花片，加入蛋清、粉芡、盐面少许，用手搅上劲。老蛋糕切成象眼片，香菇、玉兰片片成雪花片，荸荠去皮切成圆片，蒜切片，姜切米，同豌豆放在一起。

2. 将锅烧热，添入猪油（热锅凉油），将鸡肉片下锅，用勺拨开，倒在笊篱内。再将配料下锅，加上调料、鲜汤，用勺炒几下，投入鸡片，勾小流水芡，翻两个身，盛在盘内即可。

特 点 菜色多样，美观可口。

炒生鸡丝

原料

主料：鸡脯肉200克。配料：水发玉兰片50克，青蒜25克。调料：精盐3克，料酒5克，味精1克，清汤75克，鸡蛋清1个半，湿淀粉30克，葱姜末10克，猪油500克（耗50克）。

做法

1. 将鸡脯肉切成长5厘米，粗1毫米的丝，放入碗内，加精盐、鸡蛋清、湿淀粉抓匀。玉兰片切成丝，用开水烫过，青蒜劈成四半，再切成段。

2. 勺内加入猪油，烧至四五成热时，下入鸡丝，用铁筷子搅动拨散，至八成熟时倒入漏勺内，勺内留底油，放入葱姜末爆锅，加入玉兰片、青蒜、清汤、料酒、精盐、鸡丝炒匀后，加入味精、湿淀粉勾芡，颠翻炒匀即成。

特点 成菜颜色洁白，质地细软滑运，口味清淡鲜嫩。

糟烩生鸡丝

原料

主料：鸡脯肉 200 克。配料：茭白 40 克，蒜苗 50 克，玉兰片 40 克。调料：清汤 200 克，湿淀粉 30 克，香糟 20 克，精盐 3 克，料酒 15 克，味精 1 克，鸡蛋清 2 个，葱油 500 克（耗 50 克）。

做法

1. 将鸡脯肉切成粗 2 毫米的丝，放入碗内，加鸡蛋清、湿淀粉、精盐抓匀待用。玉兰片、茭白均切成长 5 厘米、粗 2 毫米的丝，用沸水氽过。蒜苗劈成 4 片，切成长 5 厘米的段。香糟用清汤泡透，用净纱布过滤拧出糟汁待用。

2. 勺内加入葱油，烧至四成热时，下入鸡丝，用铁筷子拨散，至八成熟时，倒入漏勺内。

3. 勺内留底油，烧热后加入茭白、玉兰片略炒，放入清汤、料酒、湿淀粉、鸡丝、味精、香糟汁、蒜苗，颠翻炒匀，盛入盘内即成。

特点 糟香味浓郁，鸡丝爽滑鲜嫩。

酱爆鸡丁

原料

主料：鸡脯肉 200 克。配料：鲜核桃仁 50 克，蒲菜 40 克，毛豆子 10 克。调料：精盐 1 克，酱油 10 克，甜面酱 20 克，料酒 15 克，清汤 50 克，鸡蛋清 1 个，湿淀粉 40 克，葱姜末 7 克，葱油 15 克，猪油 500 克（耗 60 克）。

做法

1. 将鸡脯肉用刀划上蓑衣花刀，再切成 1 厘米见方的丁，放入碗内，加鸡蛋清、精盐、湿淀粉抓匀。鲜核桃仁去皮，洗净，蒲菜切成长 1 厘米的段，与毛豆子一起用沸水氽过。葱姜各切成小象眼片。

2. 勺内加入猪油，烧至五成热时，下入鸡丁，用铁筷子拨散，至八成熟时，倒入漏勺。

3. 勺内留底油，放入葱姜片炸出香味，加上甜面酱炒熟，随即烹上酱油、料酒，倒入鸡丁、鲜核桃仁、蒲菜、毛豆子炒匀，加入清汤，用湿淀粉勾芡，淋上葱油，颠翻几下，盛入盘内即成。

特点 红润油亮，咸中带甜，肉嫩透鲜，酱香浓郁。

油爆鸡丁

原料

主料：鸡脯肉200克。配料：水发玉兰片50克，水发冬菇30克，黄瓜50克。调料：精盐3克，料酒5克，味精1.5克，清汤100克，鸡蛋清1个，湿淀粉40克，葱姜蒜末3克，猪油500克（耗50克）。

做法

1. 将鸡脯肉两面均用刀"扦"过，再切成1厘米见方的丁，放入碗内，加鸡蛋清、精盐、湿淀粉抓匀。玉兰片、冬菇、黄瓜均切成长宽各1厘米的薄片，用沸水氽过。取一小碗，放入清汤、料酒、味精、湿淀粉对成爆汁。

2. 勺内加入猪油，烧至四五成热时，将鸡丁下入油内，用铁筷子拨散，至八成熟时，倒入漏勺。

3. 勺内留底油，放葱姜蒜炝锅，倒入玉兰片、冬菇、黄瓜、鸡丁，随即倒入爆汁，颠翻均匀，盛入盘内即成。

特点 鸡丁玉白，黄瓜翠绿，味道鲜香。

肉蛋类

烩银丝

原料

主料：熟白肚子150克。配料：玉兰片50克。调料：酱油15克，料酒10克，盐少许，味精1克，大油25克，毛汤、水团粉15克，蒜少许。

做法

1. 把熟白肚切成1寸多长的粗丝，用开水氽一下，用漏勺控净水分。大蒜拍成泥，玉兰片切丝。

2. 勺内加入大油烧热，加入大蒜泥炝锅，放上玉兰片丝、毛汤、酱油少许、料酒、味精、盐，调好口味，烧开后，打去浮沫，再下肚丝，用水团粉勾芡，淋入少许明油，出勺即成。

特点 色白味鲜，肚丝软烂。

油爆猪肚

原料

主料：猪肚头200克。调料：大油75克，料酒15克，盐1克，味精2克，葱、姜水、醋少许，水团粉15克，毛汤。

做法

1. 猪肚头片去外皮，去掉里面脂筋，硬面朝下，平放在墩子上，顺着肚纹切成半分宽的横竖交叉花刀（深度为三分之二），再切成长8分宽、厚5分的长方块（骨牌）。葱洗净切豆瓣葱，蒜切片。

2. 用葱丁、蒜片、料酒、味精、盐、姜水、醋、团粉、毛汤对成碗芡。

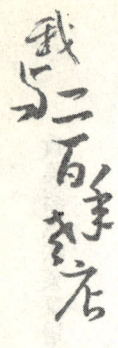

3.勺内下大油烧热,先把肚块用热水烫一下。控净水分,再下入烈油一氽,倒入漏勺,滗去油后再倒回炒勺,回旺火,接着把对好的芡汁烹入。颠翻两下,淋入少许明油,即可出勺。

特点 色白,脆嫩。

烧烩肥肠

原料

主料:煮熟的大肠750克。配料:大蒜泥25克。调料:料酒25克,味精10克,酱油25克,盐1.5克,香油10克,熟猪油500克,高汤750克,水团粉75克。

做法

1.将大肠切成3分厚的顶刀片,用开水焯后淋入料酒10克。

2.用勺上火,下入猪油500克烧烈,下入大肠炸成金黄色倒入漏勺内。

3.留下底油,返勺上火,下入大蒜煸锅。炝入高汤,下入盐、料酒、味精、酱油和大肠。开锅后撇去浮沫,淋入淀粉,打上香油即可。

特点 肠烂,味道鲜美。

干炸里脊

原料

主料:猪里脊200克。调料:团粉少许,花生油50克,椒盐、料酒5克,酱油10克。

做法

1.先将猪里脊切成大菱角块,再用味精、料酒、酱油(为上色、入味而加,不宜太多),抓一抓,再用少许稠水团粉敷一层玻璃薄糊,糊不要厚。

2.先用油烧七八成热,下入肉块,待外表炸发硬,约八九成熟时捞出,然后将锅油烧沸,再把肉块放入,一炸即好。食时蘸花椒盐。

特点 金黄色，外层略脆而香，里嫩味鲜。

糖醋里脊

原料

主料：猪里脊 150 克。调料：花生油 75 克，团粉 100 克，酱油 15 克，醋 25 克，糖 50 克，盐 1 克、葱姜米适量、白水 75 克。

做法

1. 猪里脊先打上花刀，然后切成约 10 克重的斜刀块，用团粉挂一层稍稠的糊。

2. 用葱、姜米、酱油、料酒、醋、糖、少许盐、白水适量的水团粉对成芡汁。

3. 锅内放上花生油，烧至八九成热时，分散地下入挂糊的肉块（炸时注意火力，温度高会外焦里生，温度低会脱糊），炸成金黄色，俟油花响声减弱时，肉亦即熟透，速倒入漏勺沥净油。

4. 再以少许油起锅，将糖醋汁冲入，用手勺推搅，鼓起明油亮泡后，将炸好的里脊块下入，糖醋汁裹匀即成。

特点 外焦里嫩，味甜酸咸适口。

芫爆里脊

原料

主料：猪里脊 125 克。配料：香菜 50 克。调料：大油 50 克，味精 2 克，料酒 10 克，盐少许，蛋清半个，水团粉 25 克，醋少许，葱丝、蒜片、姜丝、香油、毛汤少许。

做法

1. 将里脊去筋，切成薄片，放入碗中，加盐、蛋清、水团粉抓匀浆好。香菜择洗干净，切寸段。

2. 把香菜段、葱丝、蒜片、姜丝、盐、味精、料酒、少许毛汤对成 50 克的清汤汁。

3. 锅内下入大油，烧至五成热，下入里脊片，略滑尽熟，倒入漏勺控净油，接着炒勺回旺火上，留少许油烧沸，立即下入里脊片和对好的清汁，急速一翻搅，淋入少许醋、香油即成。

特点 鲜美清淡，香菜气味甚浓，白色。

糟烩里脊丝

原料

主料：猪通脊肉 150 克。配料：玉兰片 50 克。调料：盐 1 克，味精 1 克，毛汤、毛姜水、水团粉 50 克，蛋清 1 个，大油 75 克，香糟酒 20 克。

做法

1. 先将猪肉片成大片，再顺着纹路切成细丝。玉兰片也切成同样粗细的丝。

2. 肉丝放碗内，加上盐、料酒、味精、蛋清、水团粉抓匀。玉兰片用开水氽透。

3. 炒勺上旺火，放大油烧四五成熟，下肉丝滑透，倒在漏勺里控净油，再把勺坐火上加毛汤、香糟酒、味精、盐、毛姜水、玉兰片丝，开起后打去浮沫。用水团粉勾"二流芡"再下肉丝，稍拌均匀，淋上明油即可出勺。

特点 色银红，里脊丝柔嫩，汤味糟香，清淡适口。

油爆双脆

原料

主料：猪肚头 100 克，鸡胗 100 克。调料：大油 500 克，葱、青蒜、料酒 10 克，味精 1 克、盐 1 克，姜水、水团粉 15 克，醋少许，毛汤少许。

做法

1. 猪肚头片去外皮，去掉里片脂筋，硬面朝下，平放在墩子上，切半分宽的横竖交叉花刀（深度为三分之二），再切成五分见方的块。鸡胗去净里外皮，用刀切成横竖 1 分宽交叉花刀。

2. 用青蒜、葱（切成豆瓣方丁）、料酒、姜水、醋、味精、盐、团粉、毛汤放一碗内搅匀对成汁。

3. 先将肚仁和鸡胗用开水烫四成熟，然后用炒勺放入 500 克大油，在旺火烧热，速将肚仁、鸡胗用烈油一炸，倒入漏勺，控净油。接着速将炒勺回旺火，下底油把肚、胗放入，随之倒入碗芡，颠翻两下，淋入少许明油即成。

特 点 白红相间，脆嫩。

煳肘

原 料

主料：去骨猪肘子 1 只（约重 1000 至 1500 克）。调料：酱油 50 克，蒜泥 10 克，腌韭菜花 10 克，酱豆腐汁 15 克，辣椒油 25 克。

做 法

1. 将猪肘子（皮要略大于肉）叉在铁叉子上，用火把猪皮燎成焦煳色（约燎 2 至 3 分钟，要燎的均匀），并起小泡。然后，放到温水里泡 30 分钟，刷去煳皮，使肉皮呈金黄色，再放到清水锅里煮（因煳肘有煳香味，最好不与白肉一起煮）。煮熟后带皮切成厚 0.17 厘米的薄片，码在盘里。

2. 把酱油、蒜泥等调料放在小碗内调匀，同肉片一起上桌，由食者蘸着调料吃。调料也可不混合，分别放在小碗内上桌，由食者凭喜好选用。

特 点 煳香味十足，滋味鲜美。

锅烧肘子

原 料

主料：肘子 1000 克。调料：花生油 75 克，酱油 50 克，盐 2 克，料酒 25 克，葱、姜、五香料、椒盐少许。

做 法

1. 选皮薄、毛孔细小的新鲜软嫩的猪肘子，剔去骨头，修整成圆形。

2. 将肘子皮朝上，放入五香料卤锅加热（如加工较多，可将嫩一点的放在上面以便顺序起锅取肘子），煮至五成熟时捞出。

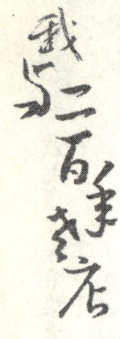

3. 肘子捞出后，放一蒸碗内，放葱、姜，用卤汤对一点水浇入碗内，上屉蒸烂。

4. 将蒸好的肘子趁热下入八成热的油锅中，炸至色焦酥，翻一个过，再稍炸片刻，肉面呈酥脆状（炸时要用手勺推动，使其火候均匀），即可捞出。

5. 肘子捞出后，肘子皮朝墩子，横切三刀成四条，再用刀切二分宽的条，用刀面拖起翻个放在盘内，保持肘子原样。外带椒盐和白糖。

特点 焦酥香美，用荷叶饼或荷叶卷伴食之，别有风味。

芫爆散丹

原料

主料：羊散丹1000克。配料：香菜150克。调料：料酒25克，味精5克，盐1.5克，醋5克，香油10克，鲜花椒1.5克，长葱50克，蒜片25克，姜末10克，花生油750克（实耗50克）。

做法

1. 将散丹用八成热水烫好，去掉草牙，洗净下入开水锅内煮烂捞出。择洗干净切成三角块，再用开水焯一下。香菜择去根和枯叶，洗净切成一寸长段。

2. 把葱段、蒜片、姜末、香菜、盐、料酒、味精、醋、鲜花椒对在一起，稍加点高汤成汁待用。

3. 用勺上火，下入花生油750克，烧烈将散丹下入油勺内立即倒入漏勺。

4. 留下底油，返勺上火。下入香菜和对好的汁，倒入散丹，急翻勺几次，淋上香油即可。

特点 清淡，味鲜可口。

扒爪尖

原料

主料：熟猪蹄500克。调料：大油30克，葱、姜末各2.5克，水团粉 25 克，料酒 10 克，酱油 25 克，白糖 10 克，大料三瓣，高汤适量，味精 5 克，花椒油 10 克。

做法

1. 将熟猪蹄用刀一劈两半，放入碟内备用。

2. 坐油勺，放大油，下大料瓣、葱、姜末，烹料酒、酱油，添汤，下爪尖，加白糖、味精，煨透，挂芡，淋花椒油，翻勺，出勺。

特点 爪尖烂糊。

糟熘三白

原料

主料：净鱼肉 125 克，净鸡脯肉 50 克。配料：冬笋 50 克。调料：香糟酒 100 克，蛋清半个，猪油 250 克（约耗 70 克），精盐 1 克，味精 2 克，湿淀粉 30 克，清汤 200 克，鸡油 10 克，白糖 20 克。

做法

1. 将鱼肉片成一寸二分长、八分宽、一分厚的片，鸡脯肉片成薄片，分别放在碗里，用蛋清、湿淀粉（10 克）浆好。冬笋切成薄片，用开水汆一下。

2. 汤勺上火，放入清汤，下入糟酒、白糖、精盐、味精、笋片烧开。另用炒勺注入猪油，烧至四成热，将鸡片、鱼片分别滑透捞出，控去油。随即把滑好的鱼片下入汤勺内略煨一两分钟，再把鸡片倒在汤勺里，摇晃汤勺，徐徐淋入水淀粉勾芡，洒上鸡油，倒盘即可。

特点 菜色乳白，质地软嫩清淡，糟香酒味很浓。

熘黄菜

原料

主料：鸡蛋黄 3 个，鸡蛋 1 个。熟鸡肉 25 克，南荠两个（末），火腿末少许，香菜末少许，海米 25 克，冬笋 15 克，海参 25 克，湿淀粉 30 克，精盐 2 克，味精 2 克，鸡油 2 克，猪油 50 克，高汤 200 克。

做法

1. 将鸡蛋打入碗内,冬笋、鸡肉、海参、海米均切成二分的丁,与南荠末、盐、味精、高汤、湿淀粉一起加入鸡蛋内搅匀。

2. 猪油烧开,倒入对好的鸡蛋等,用排勺往前推炒,越快越好,以免煳勺,熟时(不要炒老)盛入汤盘内,撒上香菜、火腿末即成。

特点 色浅黄,软嫩咸香。

熘松花

原料

主料:松花蛋4个。配料:黄瓜30克,水木耳1.5克。调料:清油1000克(耗40克),葱丝、姜丝、蒜片各2克,酱油20克,醋15克,面粉10克,香油15克,水团粉20克,料酒15克。

做法

1. 将松花剥皮,改成菱角块;黄瓜洗净,切成木渣片;水木耳大片改刀。

2. 把松花滚上面粉,备用。

3. 坐勺,打清油,用六七成热油,把松花上的浮面抖一下,再下入油勺,待油热到八成时,滗出。勺内留底油,炝葱、姜丝、蒜片,烹料酒、醋、酱油,下黄瓜、木耳,点汤,挂芡,淋香油,下松花蛋,视汁抱上松花蛋,出勺。

特点 松花软嫩面香,咸鲜口稍带酸味,酒饼菜。

赛螃蟹

原料

主料:鸡蛋300克,鳜鱼400克。配料:香菜25克。调料:料酒25克,葱姜末15克,味精10克,盐2.5克,水淀粉25克,熟猪油150克,香油10克,高汤150克。

做法

1. 将鸡蛋洗净磕在碗内,加入盐1克、味精1克、料酒5克搅匀。

2. 将鳜鱼剥皮,洗净,去骨,切成小丁,加入葱姜末10克、料酒 10 克、盐 10 克、味精 2.5 克、香油 5 克喂好。

3. 用勺上火，注入猪底油 100 克。烧热，下入鱼丁煸炒，再下入鸡蛋包住鱼丁，倒入盘内待用。

4. 用勺上火，注入熟猪油 50 克。用剩余葱姜末煸锅，加入高汤和剩余的盐、料酒、味精。开锅后撇去浮沫，淋入淀粉，将炒好的鸡蛋、鱼丁放入勺内，滴上香油出勺倒在盘内，撒上香菜即可。

特点 鲜嫩，清淡可口，适合老人食用。

山东丸子

原料

主料：猪瘦肉 250 克，肥肉 150 克。配料：水发海米 20 克。调料：精盐 3 克，料酒 10 克，鸡蛋清 2 个，香菜 10 克，葱姜 5 克，清汤 1000 克，胡椒粉 1 克，香油 20 克。

做法

1. 猪瘦肉剁成泥，加鸡蛋清、精盐搅匀。肥肉切 5 毫米厚的片，两面打上直刀纹，再切成 5 毫米见方的丁。海米洗净切成末，香菜洗净也切成末。一起放入瘦肉泥碗里，加上葱姜末、胡椒面搅匀，然后团成直径 3 厘米的丸子，放入平盘内，上笼蒸熟立即取出（不要蒸烂），装入汤碗内，撒上香菜末。

2. 勺内放入清汤，加精盐、醋烧开，撇去浮沫，淋上香油，撒上胡椒粉，倒入装丸子的汤碗内即成。

特点 香菜味浓郁，口感松软。

干炸丸子

原料

主料：肥瘦猪肉 250 克。调料：精盐 1.5 克，酱油 15 克，料酒 15 克，味精 1 克，湿淀粉 75 克，花椒盐 5 克，花生油 1000 克（耗 50 克）。

做法

1. 将肉切成 3 毫米见方的丁，放入碗内，加入精盐、酱油、料酒、味精、湿淀粉搅拌匀。

2. 勺内加入花生油，微火烧至五成热时，将肉馅挤成直径1.5厘米大的丸子，下入油内。待全部下完后，移至中火上，并用手铲将丸子拨动，炸至漂起捞出，待油温上升至八成熟时，再下丸子炸至呈金黄色时捞出，盛入盘内，撒上花椒盐即成。

特点 外焦里嫩，干香适口。

小烧羊肉

原料

主料：后腿羊肉250克。配料：玉兰片25克。调料：酱油40克，料酒15克，味精1克，白糖5克，湿团粉75克，鸡蛋25克，食油100克，精盐少许，清汤100克，葱姜米少许，小茴香少许。

做法

1. 羊肉横丝切成薄片，放入碗内，加湿团粉50克，鸡蛋25克浆匀，玉兰切片，用酱油、料酒、味精、白糖、葱姜米、湿团粉、清汤对成碗芡。

2. 勺内放油，上火烧到五六成热，下入肉片，手勺拨散，炸焦再将玉兰片下入，片刻即把油控出，勺内留少许油，上火烧热，把小茴香下入炸出香味，捞出不用，迅速把滑好的肉片下入，接着放入调好碗芡，翻勺，芡汁挂在肉片上，出勺盛盘即成。

特点 外焦里嫩，咸鲜适口，具有小茴香的清香味和醋香味。

扣肉

原料

主料：五花肉400克。配料：适量的蔬菜。调料：花生油75克，毛汤、卤汤、料酒15克，盐、味精1.5克，葱、姜少许。

做法

1. 先将猪肉皮上的毛用刀刮干净，切成够刀口的长方形块，下入卤锅，煮至七成熟时捞出来，再下入开油锅，皮朝下炸一下，至皮呈赤红色，起皱纹抽折时即捞出。

2. 再把过好油的肉切成一分半厚的条，皮朝碗底整齐地码好，加上葱、姜、少许卤汤和毛汤、料酒，上屉蒸烂。

3. 食用时把蒸好的肉扣入汤盘内，将汤滗出，上勺见开，加点味精、青菜，尝好味，浇在肉上即成。

特点 汤色金黄，味鲜，肥而不腻。

蟹黄狮子头

原料

主料：肥瘦猪肉 600 克（各一半）。配料：大螃蟹 500 克，油菜 750 克。调料：料酒 15 克，味精 10 克，团粉 50 克，盐少许，葱姜 50 克，胡椒面少许，鸡油 25 克，鸡汤 1000 克，猪大油 25 克。

做法

1. 螃蟹洗净上屉蒸熟，取出蟹黄，蟹肉（单放）葱姜一半剁末，一半切段。油菜去掉老叶洗净，切成二寸半长的段。

2. 肥猪肉切成小丁，瘦猪肉剁成肉末。同蟹肉放在一个碗内，加入料酒、味精、盐、葱姜末、湿团粉，用手搅动，使其起粘上劲后分成五份，用手团成大丸子，再将蟹黄用手团在大丸子的表面，放在预先抹好油的盘子里，上屉蒸 10 分钟（用温火）取出，再将蒸过的丸子放入砂锅内，并加入鸡汤 1000 克和葱姜段，调好口味，上面用油菜叶盖上，放在旺火上烧开后，再移到小火上煸一小时半左右，挑出油菜叶不要。

3. 油菜用开水烫一下过凉再用大油加少许盐煸炒一下，放在大丸子的一边，淋上鸡油，走菜时连同砂锅一起上桌。

特点 蟹鲜肉嫩，爽口软糯。

宫保肉丁

原料

主料：肉丁 125 克。配料：黄瓜丁 50 克，花生米 50 克。调料：油 40 克，蛋清 15 克，团粉 20 克，盐 5 克，料酒 5 克，糖色、

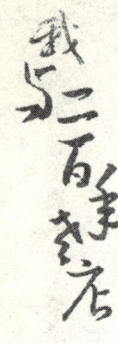

酱油、白糖少许，姜水、辣椒油、葱、蒜、高汤。

做法

1. 猪后腿肉、黄瓜、葱切成丁，蒜切片，花生米去皮用油炸脆。

2. 用盐把肉丁拌匀，加蛋清、团粉浆好。

3. 用高汤、团粉、盐素、料酒、糖色、酱油、葱、蒜、糖对成芡汁。

4. 烧热炒勺，注入油（要多），等油温后，放入肉丁滑熟，倒入漏勺内，留下一些油，立即下入黄瓜丁急炒两下，随即下入肉丁再翻炒数下，把对好的汁搅匀倾入，下入花生米，颠翻拌匀，再浇一点辣椒油即成。

特 点 味辣鲜香，色泽金红，别有风味。

酱爆肉丁

原料

主料：猪肉 150 克。调料：花生油 75 克，蛋清半个，水团粉 50 克，甜面酱 25 克，料酒 10 克，糖 10 克，酱油少许，香油、味精少许。

做法

1. 先将肥瘦猪肉切成中指大小的方丁，然后用酱油把肉丁拌匀，再加蛋清、团粉浆好。

2. 炒勺烧热，注入半勺油，等油温后，把肉丁下入滑开，视肉丁熟透后，立即倒入漏勺内控净油。勺内留底肉，先下甜面酱、料酒，炒出香味后即加白糖、味精，速用手勺搅匀，再速将肉丁下入翻炒，使汁都裹在肉丁上，色呈金黄，油明亮，淋少许香油盛盘即成。

特 点 汁甜咸，味浓厚，肉质鲜嫩。

樱桃肉

原料

主料：带皮五花肉 500 克。调料：水团粉 10 克，酱油 150 克，料酒 15 克，大料四瓣，葱二段，姜三片，白糖 10 克，清油 10 克，面酱 2.5 克，汤 750 克。

做法

1. 将肉刮去毛洗净，切成长、宽各五分方块。

2. 坐油勺，打清油，下大料、葱、姜，打面酱，待面酱炒熟，将肉下勺煸炒，烹料酒、酱油，添汤，移旺火催开，煮二十多分钟，撇去浮沫，再用微火炖一个多小时，下白糖，待汁稠浓，肉烂（如有浮油要撇去，并捡去葱、姜、大料），拢芡出勺，上大汤盘。

特点　肉烂汁浓，块小红色如樱桃，口味咸中透甜。

焦熘肉片

原料

主料：上好五花肉 300 克，青蒜 10 克。调料：葱姜蒜各 5 克，姜汁 5 克，盐、味精、糖各 5 克，色拉油 1000 克，香油 3 克，醋 3 克，老抽 3 克，料酒 10 克，生粉 5 克，淀粉 200 克，高汤 150 克。

做法

1. 把五花肉洗干净去皮，切成长 1 寸宽 8 分的薄片，放入碗中用料酒、姜汁、盐（少许）、淀粉腌制，青蒜切成 8 分长的段。

2. 锅里倒入色拉油，油温烧到七成热时，把腌制好的肉片放入锅中炸成金黄色，待外焦里嫩，捞出。

3. 锅内放入少许色拉油，放入葱姜、蒜蓉、高汤、料酒、盐、味精、老抽勾芡，倒入炸好的肉片。放入青蒜，加少许酱油和醋，翻炒即成。

特点　咸鲜，外焦里嫩。

九转大肠

原料

主料：好大肠头 1000 克。配料：香菜 1 棵，葱姜蒜各 20 克，盐 8 克，糖 10 克，味精 8 克，胡椒面 5 克，醋 5 克，料酒 50 克，老抽 10 克，糖色 5 克，香油 2 克，色拉油 15 克，各种香料各 10

克,生粉 10 克,高汤 150 克。

做法

1. 把大肠里面的杂物清洗干净,用醋、盐、料酒去除大肠腥味,再用清水洗干净。锅内放入清水,把大肠放入,待水烧开,将水倒出。把香菜洗干净,切成茸备用。

2. 锅里加入水和葱姜蒜、大料、桂皮、香叶等,煮约一个半小时,待大肠九成熟时捞出。将大肠切成 8 厘米长的段,共切 12 段。

3. 锅内放入色拉油,加入葱姜蒜炒香,倒入料酒、高汤,将葱姜蒜捞出,倒入大肠,加入少许盐、味精、糖、胡椒面、米醋,烧 10 分钟,最后放入少许生粉勾芡。淋入少许香油,摆盘,再撒上香菜茸即可。

特点 咸甜酸辣香,五味俱全。

素菜类

锅㷛龙须菜

原料

主料：龙须菜一桶。配料：鸡蛋三个。调料：干面粉50克，味精2克，精盐2克，料酒15克，葱米5克，姜米5克，猪油50克，香油10克，清汤100克。

做法

1. 将龙须菜择去老皮，切成一寸长的段，放在盘内，撒上味精（1克）、料酒（5克）、精盐（1克）腌一下，再粘上干面粉。鸡蛋磕在碗里，搅匀成糊。

2. 炒勺放入猪油（25克），烧至四成热，把粘好干面粉的龙须菜一段一段地蘸上蛋糊下入油勺㷛透，㷛成金黄色时，捞出控去油，择去蛋渣，放在盘内待用。

3. 净勺坐在旺火上，放入猪油（25克）烧热，加入葱米、姜米、料酒（10克）、味精（1克）、精盐（1克）、清汤，随即下入㷛好的龙须菜，稍㷛即大翻勺，洒上香油，倒盘即可。

特点　色泽金黄，鲜香软嫩，清淡可口。

锅㷛豆腐

原料

主料：豆腐300克。配料：鸡蛋3个。调料：干面粉50克，味精2克，料酒15克，精盐1.5克，葱米7.5克，姜米7.5克，猪油750克（约耗125克），姜汁15克，清汤100克。

做法

1. 将豆腐切成一寸半长、八分宽、二分厚的片，摆在盘中，撒上葱米（2.5克）、姜米（2.5克）、味精（1克）、精盐（0.5克）、料酒（5克）腌好。鸡蛋磕在碗中拌匀。

2. 炒勺置旺火上，放入猪油，烧至六成热时，将豆腐两面粘上干面粉，再蘸上鸡蛋，一块挨一块地下入炒勺中，炸至金黄色（约炸二三分钟），捞出控净油，择去豆腐片上的蛋丝、蛋渣待用。

3. 汤勺坐在旺火上，放入猪油（50克）烧至八成热时，下入葱米（5克）、姜米（5克）烹锅，下入清汤、精盐（1克）、料酒（10克）、味精（1克）、姜汁和炸好的豆腐片，见开后移置微火上煸约三分钟，豆腐已入味，汤汁将尽时，拖入盘中即可。

特点 此菜为山东风味菜之一，颜色金黄，豆腐经过锅煸后浸进汤味，吃起来清鲜软嫩。

干烧冬笋

原料

主料：冬笋750克。配料：腌雪里蕻叶75克。调料：味精4克，绍酒5克，精盐1克，花生油500克（约耗75克）。

做法

1. 将冬笋削去皮和根（约剩净笋250克），用水洗净，用滚刀法切成长4厘米、宽1.65厘米、厚1厘米的菱角块，放入精盐、绍酒拌匀浸渍好。雪里蕻叶用开水泡去咸味洗净，切成长3.3厘米的段。

2. 将花生油倒入炒锅里，用旺火烧到八成热，下入浸渍好的冬笋，翻搅着炸成金黄色，再下入雪里蕻叶炸酥，随即一起倒入漏勺内沥去油。接着，将炸好的冬笋和雪里蕻叶，再倒入原炒锅里，在火上一边颠翻，一边撒入味精，混合均匀后即成。

特点 冬笋金黄香嫩，雪菜墨绿酥脆，滋味异常鲜美，老少食之咸宜。

口蘑烧扁豆

原料

主料：口蘑100克，扁豆300克。调料：味素2.5克，绍酒10克，鲜姜10克，香油10克，精盐10克，淀粉10克，黄豆芽汤三手勺，豆油500克（约耗100克）。

做法

1. 先把口蘑泡开，摘去根除去杂质洗净一切两瓣。鲜姜切末备用。把扁豆摘去筋洗净切大片，用开水氽烫透，捞出用凉水投凉控净水备用。

2. 大勺放火上添入500克油烧四成熟下扁豆闯炸一下连油倒在漏勺里。勺内少留底油下姜末、精盐，加黄豆芽汤三手勺烧开后下口蘑煨一会儿。再下扁豆慢煨三分钟左右，用水淀粉勾芡，加明油、香油出勺装盘，即可食用。

特点 扁豆脆嫩，口蘑富养，汁鲜适口。

干烧茭白

原料

主料：茭白700克。配料：榨菜50克，香菜10克。调料：植物油750克，猪油50克，白糖10克，味精1克，高汤200克，酱油25克。

做法

1. 茭白去根、叶、皮，用开水氽3分钟，捞出放入凉水泡透，取出切成滚刀块，榨菜切成一分方丁。

2. 植物油烧至七成热，放入茭白炸成金黄色，捞出控净油。

3. 猪油烧热，放入榨菜炒一下，加上茭白、酱油、白糖、高汤烧透，加上味精，淋上香油即成。

特点 色泽黄绿，松脆鲜嫩，别具风味。

栗子烧白菜

原料

主料：栗子200克，白菜500克。调料：葱、姜25克，植物油500克，猪油50克，酱油10克，精盐2.5克，高汤200克。

做法

1. 白菜切成三分宽、一寸五分长的段。把栗子每个砍上十字口，放在锅内煮熟，捞出去皮，一切两半。

2. 植物油烧至六成热，加入白菜炸一下，捞出控净油。
3. 炒勺内加猪油烧开，放入葱、姜烹锅，加上白菜、高汤、调料、栗子烧烂即成。

特点 汁鲜味美，酥烂适口。

醋熘白菜

原料

主料：白菜 500 克。调料：酱油 10 克，味素 2.5 克，糖 5 克，醋 20 克，精盐适量，香油、葱、姜少许，淀粉 20 克，豆油 500 克（约耗 50 克）。

做法

1. 白菜洗净去掉叶，将白菜帮切成一寸二分长、六分宽的块。葱、姜切末备用。
2. 炒勺放火上，放入 500 克油，烧至五成热时，放入白菜块炸透，然后捞出控净油。
3. 炒勺中稍留底油，放入葱、姜末炸锅，倒入白菜炒几下，加入酱油、醋、糖、味素、精盐，烧开后用水淀粉勾芡，淋入香油即可。

特点 白菜脆嫩，酸味适口，下饭佳肴。

砂锅白菜

原料

主料：大白菜 500 克。调料：味素 2.5 克，精盐、葱、姜适量，香油少许，黄豆芽汤 400 克，豆油 15 克。

做法

1. 将白菜洗干净，切成一寸二分长、四分宽的块，放入开水锅中汆烫透捞出，放入凉水中投凉，捞出控净水分备用。葱切段、姜切块拍松备用。
2. 取砂锅一个，放入少许豆油，添入黄豆芽汤，倒入白菜，加入葱段、姜块、精盐、味素，用大火烧开后撇去浮沫，改成小火将白菜炖烂，淋入香油即可。

特点　白菜嫩烂鲜香，汤汁清淡可口。

煮干丝

原料

主料：白豆腐干 300 克。配料：冬菇 50 克，冬笋 50 克。调料：精盐 5 克，姜 10 克，味素 2.5 克，黄豆芽汤 500 克，香油 10 克，豆油 50 克。

做法

1. 大勺放在火上，放入凉水烧开，倒入豆腐干煮一下，捞出晾凉，片成薄片，再改成细丝。冬菇洗净，除去根、杂质，改成细丝。冬笋洗净，切成一寸多长的段，改成细丝备用。

2. 把切好的豆腐丝放在盆里，加入热水浸泡一会儿，用筷子将豆腐丝抖开，待晾凉后滗去水分，再加入开水，这样如此三次，以除去豆腥味，也可以使豆腐干松软。姜切丝备用。

3. 大勺放在火上，加豆油烧至七成热时，随下精盐炸锅，再放入豆芽汤，烧开后放入干豆腐丝，盖上盖，煮十分钟，将冬菇、冬笋放入烧开后，加入姜丝，淋入香油，装在碗内即可。

特点　干豆腐丝洁白，三丝软嫩酥烂，汤汁鲜香可口。

烹掐菜

原料

主料：掐菜 750 克。调料：花椒油 75 克，盐 1.5 克，味精 10 克，料酒 5 克，醋 25 克，香油 10 克，葱、姜末各 10 克。

做法

1. 用勺上火，下入花椒油烧热并下入葱、姜、掐菜用旺火急翻。
2. 下入盐、味精、料酒，炒去豆腥味，烹入醋和香油出勺即可。

特点　鲜嫩、清淡、味美。

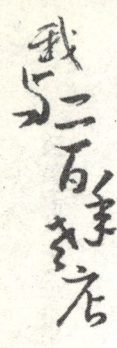

扒双菜

原料

主料：净白菜帮 250 克，油菜心 200 克。配料：葱姜末各 10 克，精盐 4 克，味精 2 克，白糖 10 克，酱油 10 克，料酒 10 克，清汤 100 克，湿淀粉 15 克，香油 5 克，花生油 40 克。

做法

1. 白菜顺切 0.7 厘米宽、13 厘米长的条。油菜根削掉，切上十字。

2. 用开水先把白菜煮熟，捞出过凉水，理顺去水分，放盘子一边，再用同样的方法，把油菜煮熟，放在盘子的另一边。

3. 炒勺置中火上，放油至七成热，葱姜炝锅，烹料酒，加酱油、盐、味精、糖、汤，把双菜轻轻地推到勺里，开后稍煸一会儿，待汤汁将尽时，加湿淀粉勾芡，淋香油，装盘即成。

特点 菜色白如晶、绿如玉，鲜咸脆嫩，清香爽口。

炒芙蓉菜花

原料

主料：菜花 300 克。调料：汤 100 克，蛋清 1 个，豆腐 100 克，精盐 3 克，味精 2 克，葱段 10 克，湿淀粉 10 克，香油 10 克，食油 100 克，姜片 5 克。

做法

1. 将菜花洗净，用手掰成小朵，放入沸水中焯透捞出，控干水晾凉；将豆腐用刀压成泥，放入碗中，加蛋清、精盐（1 克）、味精（1 克）搅匀。

2. 将锅放油上火，用勺轻轻转动使油布满全锅，然后倒入调好的蛋清、豆腐泥，边炒边去油，待炒成茸状时，倒入漏勺沥油。

3. 锅中加入 30 克油，放入葱、姜炸锅，然后加入汤，捞出葱、姜不用，加精盐、味精、菜花，烧开后加入炒好的豆腐，用湿淀粉勾芡，淋入香油即成。

特点 造型美观，脆嫩香鲜。

二冬油菜

原料

主料：油菜 300 克，水发冬菇 50 克，冬笋 50 克。调料：酱油 25 克，糖 5 克，绍酒 5 克，味素 2.5 克，葱、姜少许，香油适量，淀粉 15 克，黄豆芽汤 100 克，豆油 500 克（约耗 75 克）。

做法

1. 将油菜洗干净，横着从中间片开，再切成一寸长、四分宽的片。冬菇洗净摘去根蒂，除去杂质一切两瓣备用。冬笋去皮洗净，一切两瓣，再改切成薄片备用。

2. 勺中放宽油，烧至六成热时，放入冬菇，冬笋炸一下，待浮起后捞出。油菜倒入开水中氽烫透捞出。葱、姜切成末备用。

3. 勺内留少许底油，下葱、姜末炝锅，随即下入绍酒、酱油、糖、冬菇、冬笋、油菜煸炒，再加入味素、黄豆芽汤，用水淀粉勾芡，淋入香油即可。

特点 脆嫩鲜香，清淡适口。

二冬烧扁豆

原料

主料：冬菇 50 克，冬笋 50 克，扁豆 250 克。调料：味素 2.5 克，精盐 10 克，黄豆芽汤二手勺，淀粉 15 克，酱油 10 克，鲜姜 5 克，豆油 100 克。

做法

1. 先把冬菇用开水泡好，摘去根除去杂质洗净，大个一切两半，小的整用。收在盘内。冬笋切片与冬菇放在一起。扁豆洗净摘去筋切成两段。大勺加水烧开将扁豆煮一下，用漏勺捞出放凉水里浸泡一会儿，捞出控净水分和冬菇、冬笋放一起，姜切末备用。

2. 大勺放火上加热后，下姜末炝锅，随下精盐、酱油、两手勺黄豆芽汤,烧开后下扁豆、冬菇、冬笋煨一会儿,加味素,用水淀粉勾芡,加明油出勺。

特点 三色三味,清鲜爽口。

烩鲜磨

原料

主料:水发口蘑 50 克。配料:鲜莲子 100 克,嫩毛豆 50 克。调料:味素 2.5 克,精盐适量,绍酒 10 克,姜、香油、胡椒粉少许,淀粉 15 克,鲜汤 250 克,豆油 15 克。

做法

1. 把口蘑切成指甲片状,鲜莲子去壳除皮,用火柴棒捅去莲心,毛豆投入开水锅中煮几个开,捞出放清水中投凉,搓去外皮备用。

2. 炒勺放在中火上,放豆油烧至五成热下口蘑、莲子、青毛豆略煸炒一下,加入清汤、精盐、绍酒、姜末再烧一分钟左右,加味素,用水淀粉勾芡,淋入香油出勺,撒上胡椒粉装盘。

特点 口蘑鲜烂,莲子脆嫩,清香可口。

白扒四宝

原料

主料:水发蘑菇 75 克,水发冬菇 75 克,冬笋 75 克,鲜蚕豆瓣 75 克。调料:味素 2.5 克,绍酒 10 克,淀粉 5 克,香油、精盐少许,姜、白糖适量。豆油 500 克(约耗 60 克)。

做法

1. 先将蘑菇洗净泥沙,冬菇取蒂切成约一寸长、四分宽、二分厚的长方片。冬笋切成与冬菇相同的片和蚕豆瓣同放盘内。

2. 炒勺放大火上,放入豆油,烧至六成热,将蘑菇、冬菇、笋片、蚕豆瓣放入油勺内炸,炸熟后捞出控净油。

3. 炒勺放火上,烧热后将漏勺内蘑菇、笋片、蚕豆瓣等倒入勺内,随即加入精盐、绍酒、姜末、白糖、鲜汤烧三分钟左右,放入味素，用水淀粉勾芡，淋上香油即可。

特 点 色泽洁白，脆嫩鲜香，清淡适口。

炒南北

原料

主料：水发玉兰片200克，水发口蘑100克。调料：大油40克，酱油5克，盐1.5克，料酒10克，葱丝10克，毛姜水、毛汤少许，味精少许。

做法

1. 水发玉兰片去掉老根，切成薄片；口蘑去掉根，大的一片两开；分别用凉水洗净，再用开水氽透。

2. 勺内加底油40克，烧热，下葱丝，炒出香味后，把玉兰片、口蘑放入，颠两下，即下酱油、料酒、味精、盐、姜水和适量的汤，再煸炒数下即成。

特 点 黑白相间，清淡不腻。

素烧茄子

原料

主料：茄子1000克。调料：精盐3克，料酒10克，酱油5克，味精1克，白糖15克，蒜末10克，葱姜末共5克，花生油1000克（耗100克）。

做法

1. 将茄子洗净削去皮，先切成1.5厘米厚的大片，再在两面打上直刀纹，然后切成2厘米的块。

2. 勺内加入花生油，烧至八成热时，下入茄子炸至发黄时捞出，勺内留底油，加入白糖炒至鸡血红色时，倒入茄子煸至上色，加入葱姜蒜末，再放清汤、精盐、酱油、料酒，烧片刻，加入味精，再放蒜末颠匀，出勺盛入盘内即成。

特 点 口味适中，油而不腻。

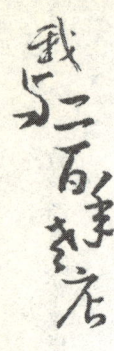

瓢竹荪

原料

主料：竹荪 50 克。配料：水发冬菇 50 克，水发口蘑 50 克，冬笋 50 克，胡萝卜 75 克，盖菜 75 克，清汤 100 克。调料：精盐 1.5 克，味精 1.5 克，料酒 25 克，胡椒面 0.25 克，花生油 50 克，水淀粉 25 克，姜末 10 克。

做法

1. 将竹荪放入小盆，用温水反复漂洗，洗去其表面的浮色，再用宽温水浸泡一个小时。

2. 将胡萝卜削去皮，切成细丝；盖菜去叶留柄，片成片，切细丝。冬菇、冬笋、口蘑均切成相同的细丝。

3. 将炒菜锅上火烧热，下入花生油，放入姜末煸出香味，再下入冬菇丝、冬笋丝、口蘑丝、胡萝卜丝、盖菜丝煸炒，接着下入精盐（1 克）、味精（1 克）、料酒（15 克）、胡椒面，炒拌均匀即为素馅。

4. 将发透的竹荪再用温水漂洗两次，洗去细沙，挤净水，剪去其钟状网形的菌盖（可将菌盖略剁数下，拌入素馅中），留其筒状的菌身。用细竹筷将素馅瓢入竹荪内，再将竹荪改成 1 寸长的段，码入碗内，放入清汤，下入精盐（0.5 克）、料酒（10 克）、味精（0.5 克），上屉蒸 15 分钟，取出后将原汤滗入锅内，把竹荪扣入大盘中。将原汤上火烧开，用水淀粉将汤汁勾浓，浇在竹荪上即成。

特点 咸鲜清香。

炸发菜卷

原料

主料：人工种植发菜 25 克。配料：油皮 3 张。调料：精盐 1.5 克，味精 1.5 克，料酒 25 克，香菜油 20 克，玉米粉 75 克，面粉 100 克，花生油 1000 克（约耗 75 克）。

做法

1. 将发菜放入盆内，注入温水，使水浸过发菜，泡发 1 至 2 小时,然后用清水反复漂洗,捡去各种杂质,洗净,捞出并挤干水。

2. 将炒菜锅上火,倒入花生油烧至温热,下入发菜略炸一下,捞出控净油,并用热水洗去油,再捞入小盆中,加入精盐、味精、料酒、香菜油拌匀。

3. 将玉米粉、面粉(75克)放入大碗内,加入适量的清水调澥成粥状的酥炸糊,再加上约为糊的三分之一的熟凉花生油,搅拌均匀即为酥炸糊。另用面粉(25克)加清水澥成粥状糊即为面糊。

4. 将油皮摊开,切去四周老边,改成三寸宽的长条,将拌好味的发菜放置油皮的一边,卷成拇指粗的细卷,用面糊将接口粘牢,码入长盘中,上屉用中火蒸3分钟,待其定形时取出,改成斜刀块(呈棱形)。

5. 将油锅重新上火,烧至七成熟,将发菜卷沾匀酥炸糊下入锅中,炸至浅黄色即捞出,码入盘内即成。

特 点 外皮松酥脆香,卷内鲜而细嫩,里外质地相差甚大,食之别有风味。

甜菜类

杏仁豆腐

原料

主料：甜杏仁 100 克，苦杏仁 25 克。配料：洋粉 50 克，杏仁精少许，糖水樱桃五个。调料：白糖 650 克。

做法

1. 将杏仁放入碗中，冲入开水泡五分钟，剥去皮，泡入凉水中，用小磨把杏仁磨成浆，过罗滤成细浆。

2. 将洋粉洗净，剪成寸段，放入碗中，加入 300 克清水，上屉蒸化，用布过滤待用。取一干净小铝桶放入 2000 克清水，加入 250 克白糖，烧热把糖熬化，加入洋粉液。将锅离火，糖水降温后，将杏仁浆倒入糖水中澥开搅匀，分装入十个汤碗内，置于阴凉处冷却凝结成杏仁豆腐，在碗中切成象眼块。

3. 取干净小铝桶放入 1000 克清水，加入 400 克白糖，熬成糖水，晾凉浇入杏仁豆腐碗内。把樱桃一切两半，放在杏仁豆腐上即成。

特点 甜凉爽口，杏仁味浓郁，是夏季应时甜菜。

冰糖蛤士蟆

原料

主料：蛤士蟆 25 克。配料：冰糖 100 克，水 500 克，金糕少许。

做法

1. 将蛤士蟆用温水泡发十小时，择去杂质、黑筋，凉水洗净，再用温水泡半小时，最后用凉水浸泡。

2. 勺洗净上火，加水 500 克、冰糖 100 克，熬化成糖水。金糕切成小方丁。

3. 将发好的蛤士蟆用开水煮透，捞出放在碗内，把备好的糖水倒在碗中，撒上金糕丁即成。

特点 名贵补品，营养丰富，味道甘甜。

炒三泥

原料

主料：熟莲子 200 克，枣泥 100 克，金糕 100 克。调料：大油 150 克，白糖 200 克。

做法

1. 熟莲子捣成泥，金糕也捣成细泥。
2. 炒勺上火，加底油烧热，把莲子泥下入翻炒，去掉水分，加入白糖 150 克，再炒两分钟左右，即可装入底盘。
3. 炒勺加底油，上火烧热，下入枣泥翻炒数下，即放白糖 25 克，糖溶化后，出勺装入莲子泥上面。
4. 炒勺加底油，上火烧热，下入金糕泥翻炒数下，放白糖 25 克，糖溶化后，即可装入枣泥上面。

特点 香甜酥松，软糯利口，颜色美观。

拔丝葡萄

原料

主料：无核白葡萄 400 克。配料：面粉 50 克，干淀粉 25 克。调料：花生油 1000 克（约耗 75 克），白糖 225 克。

做法

1. 将葡萄去蒂，剥去皮，放入盘中，撒上面粉，滚匀。五分钟后，葡萄肉面已湿润，再滚一层细干淀粉，待葡萄表面干淀粉已湿润，再滚上一层面粉，约厚两毫米，将挂好糊的葡萄珠轻轻放入盘中。
2. 起锅倒入花生油烧至八成热，把葡萄珠逐个放入油内翻炸，炸至呈金黄色时，捞出控去油。
3. 起原锅留 20 克底油，放入白糖，用手勺不断搅动，待糖炒化，呈微黄色时，将锅离火，转动锅，使糖在锅内滚匀。糖已炒至

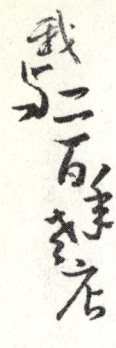

呈深黄色时,立即将炸好的葡萄珠轻轻放入锅中,颠翻两下,使糖汁均匀抱在葡萄珠上,盛入抹好油的盘子上迅速上桌。

特点 味道甜美,外焦里嫩,清香爽口。

拔丝西瓜

原料

主料:西瓜500克。配料:青红果脯丝10克,熟芝麻仁15克。调料:面粉50克,发面糊250克,碱1克,白糖100克,花生油1500克(约耗150克)。

做法

1. 把西瓜去皮、去籽,切成2.6厘米见方的块。将发面糊和碱放在一起拌匀。

2. 将花生油倒入炒锅内,用旺火烧到八成热时,将切好的西瓜块粘匀面粉,再蘸上发面糊,逐块放入油中,炸成金黄色捞出。

3. 炒锅内留底油(25克),放入白糖和一点水,用旺火烧至呈深黄色时,立即倒入炸好的西瓜块,边颠动炒锅,边撒入熟芝麻仁,待瓜块裹匀糖汁后倒入盘内,撒上青红果脯丝,迅速上席,食用时要先蘸凉开水。

特点 此菜黄中透红,外皮光亮脆甜,内瓤水分充足,仍保留了西瓜的鲜味。

拔丝苹果

原料

主料:苹果500克。配料:芝麻25克。调料:花生油500克,玉米粉50克,蛋清50克,白糖150克,面粉15克。

做法

1. 苹果去皮,去核,切成月牙块,用面粉粘一下。玉米粉、蛋清和成糊。

2. 锅内注入油,上旺火烧热,将粘上面粉的苹果,每块都裹上蛋清糊,下勺浸炸,呈浅黄色时捞出(炸时既不能过火,又要炸透），去掉外表罗嗦。

3. 另起一勺，注入底油少许，把白糖下入，用油炒糖，糖化开后，慢慢变成浅黄色，泡沫多而大时，将勺端离火口，待泡变小，颜色转深黄时，急速将苹果下入，不停地颠翻，使糖汁均匀地裹在苹果上，至外表明亮，用筷子能挑出很长的丝来时，撒上芝麻即成。上桌时带凉开水一碗。

特点 色泽浅黄微亮，质地柔软鲜嫩，吃时蘸水拔丝，香甜可口沁心。

冰糖莲子

原料

主料：莲子 250 克。调料：冰糖 150 克，白糖 200 克，金糕 25 克，碱 150 克。

做法

1. 将莲子下入开水内，加入碱，用硬刷子刷去内皮（立即换三次开水，洗去碱水，以免染黄莲子），用刀切去两端，捅出莲心，洗净，加入清水蒸烂，捞出，用开水过一下，倒入大海碗内。
2. 坐勺上火，加入清水 500 克。下入冰糖、白糖熬开，撇去浮沫，倒入大海碗内，撒上金糕丁即可。

特点 汤清，味浓。

琥珀莲子

原料

主料：莲子 100 克，江米 150 克。配料：白糖 250 克，金糕 25 克，香油、糖色少许，桂花少许。

做法

1. 莲子整理加工方法，参看【冰糖莲子】第一步。
2. 江米淘洗干净，加适量的水，蒸至八成烂时取出，拌入白糖 125 克，即成江米饭。
3. 取大碗一个，抹上糖色、香油，将莲子孔朝下，逐个码满整个碗面,放上江米饭,上屉蒸透。

4.将蒸好的莲子饭扣入大圆盘中,把剩余的白糖加上清水100克烧开,淋点糖色、桂花,用水团粉勾成樱桃红色的芡汁,浇在莲子上,撒上金糕丁即成。

特 点 莲子似琥珀珠,味甜浓香。

八宝饭

原 料

主料:江米150克。配料:熟莲子100克,金糕10克。蜜枣、青梅、瓜条、瓜仁、葡萄干、桃仁、桂圆肉等共100克。调料:白糖200克(二次用),水团粉25克,猪油少许。

做 法

1.江米淘洗干净,放一碗内,加水上屉蒸约40分钟,熟后取出,加白糖100克拌匀。

2.把蜜枣、青梅、瓜条、桂圆肉分别切成3分见方的丁,把葡萄干、瓜仁、桃仁、莲子洗净。

3.将少许猪油抹在碗内,把各种果料分别搭配摆入碗中,再放入已经拌好的江米饭,与碗口平,上屉蒸透,取出,扣在盘中。

4.净勺加水和白糖100克,烧开后,用水团粉勾芡,浇在八宝饭上,上面再撒上金糕丁即成。

特 点 饭粘烂,味道甜香,色泽鲜艳。

三不沾

原 料

主料:鸡蛋黄5个,白糖100克,湿团粉50克,大油75克。

做 法

1.把鸡蛋黄放入碗内,加入白糖、湿团粉、清水100克搅匀。

2.炒勺上旺火,倒入猪油烧热,加以晃动,使炒勺粘匀一层大油,倒出余油,随即把拌匀的蛋黄倒入勺里,用手勺不断地翻搅,炒两分钟,再把余油分三四次淋入炒勺里,并继续不停地翻搅,炒至金黄色，不见油迹即可。

特点 金黄色，味香甜，吃时不沾匙，不沾筷，不沾盘子，故名"三不沾"。

桂花山药段

原料

主料：山药1250克。调料：白糖100克，桂花5克。

做法

1. 将山药洗净，去皮，切成1.5寸长的段。
2. 将切好的山药均立在小笼屉里蒸熟，扣入盘内，撒上桂花、白糖即可。

特点 色白软烂，甜香适口。

冰糖菠萝

原料

主料：菠萝500克。调料：白糖150克，金糕25克，桂花少许，白水100克。

做法

1. 菠萝去皮，用开水氽一下，切成薄片，放一碗内。金糕切成斜象眼块，撒在菠萝上。
2. 净勺加清水，上火烧热，下入白糖150克，熬化再加桂花，糖汁浓稠时，倒在碗内即成。

特点 口感爽滑，颜色美观。

蜜汁鲜果

原料

主料：苹果100克，梨100克，菠萝100克，橘子瓣150克，红樱桃15个，绿樱桃15个。配料：白糖250克。

做法

1. 炒锅洗净，加清水150克，放入250克白糖，使之全部溶解，用中火熬制，待糖汁浓如蜂蜜时，倒入碗中晾凉。

2. 将苹果、梨去皮，去核，切成2厘米的方块，橘子掰开，共同放入一平盘中，搅拌均匀后，把红、绿樱桃点缀在上面。

3. 食用时将熬好晾凉的糖汁浇在上面即可。

特点 糖汁甜密，水果清香。

蜜汁金枣莲子

原料

主料：山药500克，加工莲子100克。配料：花生油750克（约耗100克），蜂蜜15克，枣泥150克，白糖250克，桂花酱2.5克，干淀粉100克，面粉50克。

做法

1. 将山药洗净，上屉蒸熟，取下去皮，放案上用刀压成细泥，再掺入面粉和匀。用山药泥做30个一寸直径的圆饼。把枣泥分成30份。在每个山药泥饼包上一份枣泥馅捏成枣形，外皮用小刀按上条纹制成"金枣"，滚上一层干淀粉待用。

2. 起锅放入花生油用中火烧至六成热，把"金枣"逐个放入油内，炸至呈深黄色时，捞出滤去油。

3. 再起锅放入50克花生油烧热，放入25克白糖，炒至呈深黄色时，加入100克清水，再放入225克白糖、蜂蜜和桂花酱熬成浓汁。把炸好的金枣、莲子放入蜜汁内，熘一分钟，颠翻几下，粘匀蜜汁即成。

特点 深黄发亮，味香而甜。

江米梨

原料

主料：鸭梨750克，江米150克。配料：熟猪油50克，白糖250克，桂花酱15克，湿淀粉50克。

做法

1. 将鸭梨削去皮挖去核，切成大橘子瓣状，码入碗中。

2. 江米淘洗干净放入碗中，加 500 克清水上屉蒸烂，取下再加入 150 克白糖，用面杖搅出粘性，再加入桂花酱和熟猪油拌匀。把拌好的江米饭放入盛梨的碗内，用油纸封住碗口，上屉蒸三小时，取下扣入盘中。

3. 起锅放入 200 克清水，加入 100 克白糖，汤开后用调稀湿淀粉勾成稀流芡，浇在江米梨上即成。

特点 梨色浅红，香气扑鼻，入口滑润。

香蕉锅炸

原料

主料：鸡蛋黄 4 个。调料：花生油 750 克，玉米粉 50 克，白糖 100 克，香蕉精 1 滴，清水 400 克。

做法

1. 鸡蛋黄放在碗内搅开，加入面粉 50 克，玉米粉 25 克，香蕉精、白糖 25 克，清水 100 克，搅成糊。

2. 勺内加上清水 300 克，上旺火，把糊倒入，用微火炒 10 分钟左右，熟透，倒在抹过油的盘内，晾凉，切成一寸半长，三分宽厚的长方条，外面裹上玉米粉，即香蕉条。

3. 勺内注入花生油，上旺火，烧六七成熟，将香蕉条下入浸炸，油温高，可端离火口片刻，再回大火一炸，成金黄色，捞出，装盘，撒上白糖即成。

特点 色泽金黄，外脆里嫩，味甜爽口，香蕉味浓。

核桃酪

原料

主料：核桃仁 200 克。配料：红枣 50 克，粳米（或大米）50 克。调料：白糖 200 克。

做法

1. 将核桃仁用开水浸泡后剥去外皮，再用凉水洗净。红枣放在开水锅中煮到膨胀时捞出，去皮，去核。粳米洗净，用温水泡 2 小时。

2. 把核桃仁和红枣一起剁成碎末，加入泡好的粳米和清水 200 克，搅成粥状，再用磨磨成极稠的核桃浆（放置时间不要长，否则会变酸）。

3. 将核桃浆放入铜锅里（用铁锅会变黑），加入白糖和清水 500 克搅匀，放在火口上，用小铜勺不断推搅，待浆烧开后即成。

特点 此菜呈浆状，色浅灰而略红，细腻香甜，滋润不糊口。

桂香芋乳

原料

主料：大芋头 1000 克。调料：白糖 250 克，牛奶 50 克，糖桂花 3 克，金糕 10 克，熟猪油 100 克。

做法

1. 将芋头用水洗净，放在凉水锅里，用旺火煮一个多小时。待芋头煮软后取出，去掉皮和芋肉中的硬块，研成细泥；然后放在小木桶内，用竹板搅打，一边搅打一边逐次倒入熟猪油，约搅打 20 分钟，直到芋泥起泡沫为止。

2. 将白糖（100 克）、牛奶、糖桂花一起放入搅好的芋泥中，再搅 5 至 6 分钟，调匀后倒入碗内，用旺火蒸 10 分钟左右，待芋泥稍微暄起即可（蒸的时间不要过长，以防芋泥变稀）。然后，将芋泥取出放在盘内，把金糕刻成花样摆在芋泥上。再将剩下的白糖加入清水 100 克，用旺火熬成糖汁，浇在芋泥上即成。

特点 颜色乳白，糖汁光亮，有粘丝；芋泥细腻柔软，清香甘润，入口即化。

汤类

菊花鱼锅

原料

主料：目鱼1000克。配料：口蘑15克，笋100克，菊花1朵，菠菜250克，细粉50克，炸果子2个。调料：料酒25克，味精15克，盐2.5克，酱油15克，葱姜末10克，香油10克，高汤1500克，花生油150克（实用50克）。

做法

1. 将鱼剥皮，去内脏，洗净，去骨片片，用盐1克、料酒5克、香油2.5克、葱姜末各2.5克喂好。口蘑泡发好，洗净泥沙，切片（留原汤）。笋切片。菠菜择洗干净切段。细粉用油炸好，菊花洗净去根，去心。

2. 用勺上火，下入香油烧热。用葱姜煸锅，下入高汤、口蘑和口蘑原汤、笋、鱼片，开锅后，捞至鱼锅内。将汤下入调料，找好口味，撇去浮沫，倒入鱼锅。

3. 鱼锅用酒精点燃，其他配料分别装盘与鱼锅一起上桌即可。

特点　清淡味鲜。

四生鱼锅

原料

主料：目鱼500克，鸡脯肉150克，猪腰子一对，猪里脊150克。配料：笋50克，口蘑25克，菠菜100克，豆苗50克。调料：料酒25克，花生油75克，味精15克，盐2.5克，酱油25克，高汤1500克。

做法

1. 将鱼剥皮洗净，去骨片片码盘。腰子破开，去腰臊连刀片成片码放盘内。鸡脯肉和里脊肉均抹刀片片码盘内。笋切片。口蘑泡发，洗净切片（留原汤）待用。

2. 用勺上火，下入花生油烧热。用葱姜煸锅，下入高汤和口蘑汤，再下入调料（除去香油、料酒）、笋和口蘑。开锅后，撇去浮沫，滤去葱姜末均倒入火锅内。

3. 点燃火锅，与其他主料和菠菜（撒上豆苗、料酒、香油）一起上桌，由用餐者自己加热食用。

特点 鲜艳味美，清淡。

烩乌鱼蛋

原料

主料：乌鱼蛋150克。配料：香菜末25克。调料：高汤750克，水淀粉50克，胡椒粉1克，料酒25克，味精75克，盐1.5克，醋25克，香油5克，熟猪油50克，葱末1克，姜汁0.5克。

做法

1. 将乌鱼蛋用水洗净、煮透，剥皮撕成片，再用开水氽一下泡到凉水内。

2. 用勺上火，下入猪油，用葱末、姜汁、胡椒粉炝锅。下入高汤、料酒、味精、盐和乌鱼蛋。开锅后撇去浮沫，淋上淀粉（以乌鱼蛋漂浮为适宜），倒入大海碗内（大海碗内先放好醋和香油），撒上香菜即可。

特点 清淡味鲜，营养丰富。

榨菜肉丝汤

原料

主料：瘦猪肉100克。配料：榨菜50克。调料：精盐3克，辣油3克，黑木耳5克，熟猪油5克，味精少许，料酒10克。

做法

1. 将瘦猪肉洗净，切成3厘米长的细段。

2. 将黑木耳放水中泡发后彻底洗净。

3. 将榨菜洗净，切成细丝。

4. 锅内加入一汤碗，放入木耳，置大火烧开，放入肉丝、料酒和精盐，烧开 2 分钟后放入榨菜丝，见开即可停火。盛入汤碗内，加入辣油和味精，即可上桌。

特点 汤汁利口，味道咸鲜。

奶汤白菜

原料

主料：奶汤 1500 克，大白菜心 750 克。调料：味精、盐适量。

做法

1. 白菜心切成一指宽的条，用开水烫后，过凉。

2. 汤锅放奶汤，放白菜小料烧开，滗去沫。

特点 清淡、嫩鲜、味美。

三鲜汤

原料

主料：水发海参 100 克，对虾肉 100 克，鸡脯肉 100 克。调料：精盐 2 克，料酒 5 克，味精 1.5 克，酱油 15 克，清汤 750 克，香菜末 10 克，香油 5 克。

做法

1. 将海参片成斜刀薄片，虾肉从背部片开，抽去肠，片成坡刀片，鸡脯肉片成片。

2. 勺内加入清水，烧开后放入海参、虾片、鸡片氽过，勺内再加清汤烧开，放入海参、虾片、鸡片，精盐适量，料酒适量。开后撇去浮沫，捞入大汤碗内。

3. 勺内加入清汤、精盐、酱油、料酒，烧开后撇去浮沫，加入味精，撒上香菜末，浇在汤碗内，淋上香油即成。

特点 软嫩味美，爽滑适口。

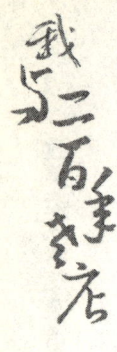

酸辣汤

原料

主料：熟鸡血50克，嫩豆腐50克。调料：清汤500克，精盐1克，酱油20克，醋30克，料酒5克，胡椒面1克，湿淀粉20克，香菜末3克，花椒油15克。

做法

1. 将鸡血、豆腐均切成长3厘米、粗5毫米的条，菠菜切成丝，冬笋切成长3厘米、宽5毫米、厚1.5毫米的片，除菠菜外均用开水余过。

2. 汤勺放中火上，加入清汤、鸡血、豆腐、冬笋、酱油、精盐、醋、料酒，烧开后撇去浮沫，加入菠菜叶，用湿淀粉勾芡，撒上胡椒面、香菜末，淋上花椒油，倒入汤盘内即成。

特点 酸、辣、咸、鲜、香。

青豌豆姜汤

原料

主料：青豌豆罐头一盒（800克）。调料：油3汤勺，面粉2汤勺，牛奶4杯，精盐适量。

做法

1. 把罐头青豌豆或事先煮好的冷冻青豌豆过筛擦碎，然后和奶汁搅匀。奶汁的制法如下：把面粉和油清炒一下，用热牛奶稀释，一起煮10至15分钟，然后过筛擦碎，用热水调稀，加适量盐。

2. 上桌前调上油，并放上三汤勺罐头整粒青豌豆。

特点 味浓香，有较高的营养价值。

豆腐海带汤

原料

主料：豆腐100克，海带20克。配料：菠菜50克。调料：精盐、香油、味精、葱花、胡椒粉各少许。

做法

1. 将豆腐切丁，菠菜切段，海带切丝。

2. 锅内放入开水，加豆腐丁、海带丝、葱花。水沸放菠菜，煮片刻加盐、味精、胡椒粉、香油，即盛碗内。

特 点 色美汤鲜。

氽丸子

原料

主料：猪肉 150 克，白菜少许（或菠菜、鲜黄瓜），海米 15 克。调料：蛋清、葱姜米少许，味精 1 克，盐 2.5 克，料酒 10 克，高汤适量，香油少许。

做法

1. 把猪肉剁成肉泥，放一碗内，先下一点高汤搅匀，再下一些汤用力搅拌，直至起粘起劲时，再下蛋清、盐、味精、料酒、香油、葱姜米，再搅一搅，肉色变白，泥成茸为止。

2. 锅内下高汤烧滚沸，将肉泥挤成丸子下入，开起后，撇去浮沫，下味精、盐、料酒，调好口味，下白菜、海米，稍氽一会可出勺。

特 点 鲜嫩清淡，汤色洁白。

萝卜丝氽鲫鱼

原料

主料：鲫鱼 1 条（350 克左右），萝卜丝 100 克。调料：葱结姜片各少许，猪油 100 克，料酒 15 克，味精 1.5 克，盐 7.5 克，高汤 350 克。

做法

1. 萝卜用水洗干净，剥去外皮，切成 2 寸左右的粗丝；鲫鱼去鳞鳃和内脏，洗净，放入开水锅里焯一下，立即捞出，刮去鱼身上的粘液和黑衣。

2. 萝卜丝放入开水锅里焯一下，用漏勺捞出，冷水浸泡去萝卜味。

3.锅架火上，烧热，用油滑过，再放猪油，烧热，葱结、姜片略煸，放入鲫鱼，煎一下两面，立即烹酒，放清水，烧开，撇去浮沫后，再加高汤和萝卜丝，加盖用大火烧四五分钟，鲫鱼氽熟后，加食盐、味精，用手勺先将鲫鱼捞入碗里，锅里捡去葱姜，将汤和萝卜丝倒入碗里即成。

特点 汤色白浓，鱼肉鲜嫩。

面点类

龙须面

原料

主料：富强粉 500 克，白糖 300 克，花生油 1000 克（实用 150 克）。配料：精盐 7.5 克，清水 325 克。

做法

1. 将面粉放在容器里加入精盐（根据季节要适量），用 325 克水和成面团，上面覆盖潮湿笼布饧 20 至 30 分钟。

2. 把饧好的面先揉一下，用双手将面拿起，进行遛面。遛到一定程度（也就是面遛到粗细一致时），随即将面放到案子上，掐去两头，将面条上上劲，用手将面拿起进行出条。抻 10～11 扣后即成龙须面。

3. 用刀切成 20～25 厘米的段，撒上干面，用筷子从面条的中间挑起 15 克，把干面抖净，将面条放在小漏勺里。

4. 起锅上火，倒入花生油 1000 克烧热。再将漏勺放入油内并用筷子不断地进行搅动，炸至浅黄色呈圆形时取出，控净油即可。

5. 上桌时，将龙须面码在盘的中间，四周撒些糖（面中间要星星点点地撒）。

特点 面条形如发丝，酥香可口；糖如同雪花，样式美观，是民间喜爱的传统佳肴。

萝卜丝饼

原料

主料：皮面 500 克，酥面 125 克。配料：猪板油粒 150 克，白萝卜丝 500 克，熟火腿末 25 克。调料：精盐 2.5 克，味精 5 克，葱姜末 50 克，香油 15 克，熟猪油 400 克。

做法

1. 萝卜丝用少许精盐稍腌，挤干水分，放入碗内，加入板油粒、火腿末、精盐、味精、葱姜末、香油和 250 克熟猪油拌匀调和制成馅，分成 10 份。

2. 用皮面包住酥面分成 10 个剂儿，擀成长条形，平着盘卷起按扁，卷成圆筒状，按平，包上馅，再按成圆饼状。

3. 起平底锅放入猪油烧热，将饼放锅内一面煎成米黄色，入烤炉内，烤熟即成。

特点 色泽金黄，酥香鲜美，萝卜的清香味浓郁。

翻毛月饼

原料

用料：面粉 500 克，猪油 175 克，水 125 克，熟面粉 250 克，白糖 250 克，冰糖 100 克，麻仁 50 克，花生仁 100 克，花生油 200 克，青红丝 50 克，色素少许。

做法

1. 将 250 克面粉用 25 克猪油、125 克水和成水油面团，剩余的面粉用 150 克猪油擦成干油酥。

2. 将其他原料（花生仁需烤熟碾碎）搓拌成馅。

3. 将干油酥包在水油面内，擀成长方形薄片，卷起来揪成每 500 克 8 个的剂子，将剂子按扁包上馅，按成月饼，用红、绿色素描上图案，摆入烤盘，进炉烤熟呈白色即可。

特点 形状美观，皮酥馅香甜。

提浆月饼

原料

用料：面粉 1700 克，白糖 600 克，油 600 克，食用碱 10 克，清水 300 克（以上为皮料），熟面粉、白糖各 600 克，油 300 克，芝麻 100 克，核桃仁、青梅各 50 克，瓜子仁 100 克，青红丝 150

克（以上为馅料）。

做法

1. 将白糖加水（每 500 克糖加水 200 克）和少量白矾，上火熬化，撇去浮沫，晾凉。一般要存放 1 天至 2 天，有的存放 5 天至 6 天，即成糖浆。

2. 把糖浆放入盆内，加入食用碱、油和少量面粉，调成糊状。把其余面粉倒入搅拌，揉至稍有上劲为止，保持软硬适度的面团。有的先把面粉倒入盆内，中间挖一小坑，倒入糖浆、油、食用碱，搅拌均匀。行业把这种面团称为提浆面团。用它做成的月饼，称为提浆月饼。

3. 把制馅料的熟面粉倒入盆内，加糖、油搅拌均匀，再加各种配料（配料均要切成碎料），搓擦均匀，即成月饼馅心。

4. 将糖浆面团放在案板上搓条，下剂，擀圆，制皮，包馅。一般来说，皮和馅的比例是 6∶4（即皮重60%，馅重40%），包馅以后，纳入模具内，按实压平，再磕出来，即成月饼生坯。

5. 将月饼生坯均衡码入烤盘内，推进烤炉中，初入炉时，炉温稍高约240℃左右，待月饼上花纹定型，适当降温，上下火要求一致，烤 9 至 10 分钟，上下呈金黄色或红棕色，饼边为白色，熟透出炉，晾凉后，装盘即成。

特点 酥而不硬，松软可口，具有果料香味。

酥皮月饼

原料

主料：面粉 650 克。调料：猪油 300 克，饴糖 50 克，清水 170 克，各色馅心适量。

做法

1. 将面粉 450 克放入盆中，中间挖一坑，加入饴糖、猪油（750 克），再掺入适量的热水（80℃），搅拌均匀，调制成水油面团。将余下的面粉、猪油拌和一起，搓擦成酥心的干油酥面。

2. 用大包酥或小包酥法，制成油酥面团，卷成圆筒，下剂子，

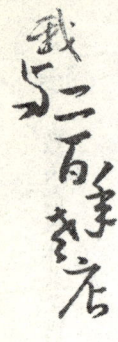

按成圆形，按照皮和馅的比例为6∶4包入馅心，收严包口，按成扁圆形，即成月饼生坯，放入烤盘内，打上馅心名称的印章。

3. 把烤盘推入烤炉，炉温在250℃至280℃之间，烤6～7分钟即成。

特点 酥松、香甜、味美，富有层次感。

一品烧饼

原料

主料：皮面250克，酥面250克。配料：桃仁50克，杏仁50克，芝麻仁100克，瓜子仁25克，瓜条50克，熟花生米50克，葡萄干50克，桂花酱25克，熟干面100克，熟猪油100克，白糖150克。

做法

1. 将桃仁、杏仁、花生米都切碎。瓜条切成小丁。瓜子仁、葡萄干洗净控干水分。上述各料放盘内加入糖、芝麻仁、干面和桂花酱、熟猪油拌匀和成馅。

2. 用皮面包住酥面擀薄，折三折，再擀成长薄片，卷成长条形，用刀切成20块，按平。用面剂包上馅成圆形，按扁，刷上水，粘上芝麻，放烤盘内，入烤炉烤至芝麻发黄，底面显黄色起酥即成。

特点 馅料甜美，芝麻味香。

芝麻烧饼

原料

主料：面粉500克。配料：水250克，发面200克，芝麻50克。调料：麻酱150克，椒盐、碱、香油少许。

做法

1. 麻酱、香油、椒盐调和均匀待用。

2. 面粉加水、发面、碱和好（天凉用温水，天热用凉水），然后分成七等份（100克1个），用扞面棍扞薄，将调好的麻酱抹在上面，卷起，包成圆形，按成小饼，饼的一面用带色的水刷湿粘上芝麻朝下，用面棍轻轻一轧。

3. 将饼铛烧热，把扦好的饼放上烙到六成熟后再放到灶底的码道里烤熟，熟后呈金黄色（烙时先烙没有芝麻的一面，烤时也先烤这一面）。

特点 层多而薄、色泽金黄、外香里酥、口感松软、久食不腻。

银丝卷

原料
主料：面粉5000克。调料：白糖1000克，油500克，碱适量。

做法
1. 面粉加水和好，发嫩一些，对上碱，取四成面对上糖和匀，抻出面条，刷上油，切成段。

2. 将余下的六成面分成小块，每块重85克，擀成皮包上65克面条，卷起封严，上屉蒸熟。

特点 暄软适口，醇香美观。

炸酥盒

原料
主料：面粉1000克。配料：枣泥馅500克。调料：花生油1000克，熟猪油400克。

做法
1. 将500克面粉加入150克熟猪油、175克清水和匀制成皮面。

2. 用500克面粉加入250克猪油和匀制成酥面。

3. 用皮面包住酥面（大包酥）按扁，擀成长薄片，叠三折，再擀成长薄片，卷成一长条卷，用刀切成小段，自剖面按平，在两片中间夹上枣泥包起来，沿边捏成花纹制成酥盒坯。

4. 起锅放入花生油烧至七成热，把酥盒坯逐个放入油内，炸至盒面起酥，转旺火炸酥浮起时，捞出滤去油。再放在烤盘内盖上纸，入烤炉用中火烤三五分钟，待油分吐尽熟透即成。

特点 层次分明，酥松、香、甜。

芙蓉糕

原料

主料：面粉 500 克。配料：花生油 2500 克（约耗 350 克），白糖 700 克，蜂蜜 150 克，熟芝麻 100 克，鸡蛋 300 克。

做法

1. 把鸡蛋磕入盆中拨散，加入面粉和成鸡蛋面，稍醒。把和好的面擀成薄片，切成小韭菜扁条。起锅放入花生油烧至七成热，放入鸡蛋面条，用漏勺翻动炸至浮起，呈金黄色时，捞出放入盆内。

2. 起锅放入白糖 300 克，加入 150 克清水，用小火熬，待起大泡时，加入蜂蜜，再熬至有粘性，起小泡较匀时，用筷子蘸糖汁挑起，稍有丝（凉后不脆）即成。

3. 将熬好的糖汁倒入炸好的面条中拌匀，再倒入撒上芝麻的木框内摊平，将 400 克白糖用食红色染成粉红色，铺在面条上面按平，凉透切成块即成。

特点 糕上盖一层粉红色的糖，色如芙蓉，食之有松、软、甜、香之感。

三鲜水饺

原料

主料：面粉 500 克，鸡脯肉 150 克，水发海参 75 克，虾肉 75 克，干贝或蟹肉 50 克，韭黄 150 克。调料：酱油、精盐、胡椒粉、香油、味精、鲜汤、冷水适量。

做法

1. 先将鸡脯肉剁成茸，加胡椒粉、酱油、精盐、味精、香油和适量鲜汤拌匀。再把虾肉、干贝剁成米粒大小的末，海参切成黄豆大小的丁，韭黄切成末，掺在一起搅拌成馅待用。

2. 将面粉用适量水（冬天用温水）和匀揉透，稍饧后搓成长条，按每 50 克 6 个揪成小剂，按扁，擀成中间稍厚的圆皮。一手托皮，一手抹馅，再用两手将面皮合拢，捏成月牙形饺子，下开水锅内煮熟，捞出即可。

特点 滋味鲜美，汁多不腻。

炸春卷

原料

主料：富强粉 1000 克。配料：白肉 500 克，青韭 250 克，掐菜 250 克，鸡蛋 2 个。调料：精盐 5 克，味精 5 克，料酒 10 克，花生油 1000 克（约耗 150 克），香油 100 克。

做法

1. 用 750 克水分三次加入面粉中和匀，再加入 2.5 克精盐用手抽打滋润后（不粘手），醒半小时。

2. 将饼铛烧热擦净，把和好的水面用手抓起，一次次地放入饼铛内，吊成春卷皮。鸡蛋打入碗内拨散备用。韭菜洗净切成寸段放入盘中。白肉切成丝。掐菜洗净用开水烫一下，控净水。

3. 将白肉丝和掐菜放入盆中，再放入青韭段，加入 2.5 克精盐、味精、料酒拌匀，淋入香油制成春卷馅。

4. 把春卷皮平铺在案子上，放上馅，包成长条形，刷上鸡蛋液，粘上封口，制成春卷。

5. 起锅放入花生油烧至七成热，把包好的春卷放入油内，炸至呈金黄色时，捞出控去油。

特点 外焦里嫩，味鲜且美，为春季应时面食。

梅花酥

原料

主料：面粉 500 克。配料：枣泥馅 400 克。调料：猪油 125 克，凉水 150 克，鸡蛋 1 个。

做法

1. 用 100 克猪油将 200 克面粉擦成干油酥；用 25 克猪油与水充分乳化，将 300 克面粉和成水油面团。

2. 将干油酥包入水油面团内，稍按扁，擀成长方形薄片，顺长卷起来，按每 50 克 2 克揪成面剂。

3. 把面剂按扁，包上枣泥馅，收严剂口呈馒头状，拍成圆饼，在饼周围均匀地切 10 个刀口，然后掐成 5 个花瓣即成。

4. 将生坯摆入烤盘内，刷上鸡蛋液，进烤炉烤酥鼓起，呈金黄色即熟。

特 点 形如梅花，酥甜适口。

玉兰酥

原 料

主料：皮面 250 克，酥面 250 克。配料：枣泥馅 600 克，绿色粉 0.5 克，鸡蛋黄 2 个，花生油 1000 克（约耗 150 克）。

做 法

1. 在皮面（25 克）中加入绿色粉，做成绿色皮面。

2. 用剩下的 225 克皮面包入酥面，做成皮包酥后，分成 60 个剂子，每个剂子包入枣泥馅，成椭圆形，上端要小，在上端的三分之二处用小刀分成五瓣花瓣，再将绿色皮面做成叶子，用鸡蛋黄粘住。

3. 煸锅上火，注入花生油，烧至六成热时，逐个下入做好的玉兰酥，炸至开花浮起时，捞出，控净油即成。

特 点 此酥点形如盛开的玉兰花，酥松香甜，入口即化，有浓郁的枣泥香味。

佛手酥

原 料

主料：面粉 500 克。调料：猪油 125 克，枣泥馅（或豆沙馅）250 克，鸡蛋 1 个，水 150 克。

做 法

1. 将 200 克面粉用 100 克猪油擦成干油酥；剩余的面粉用 25 克猪油、150 克凉水和成水油面团。

2. 将干油酥包进水油面团内，按扁擀成长方形面片，卷起来揪成每50克3个的面剂，把剂按扁，包上枣泥馅，收严剂口呈馒头状。

3. 把生坯搓成椭圆形，将一头揿扁呈铲刀状，然后把揿扁部分的两侧各切一刀，中间切二道印痕（不要切透）成5个"手指"，把中间3个"手指"稍向下折一点，使两边的2个"手指"弹开成佛手状。

4. 把做好的"佛手"摆入烤盘内，刷上鸡蛋液，进烤炉用慢火烤熟呈黄白色即可。

特点 形态美观，酥香适口。

樱花酥

原料

主料：面粉500克。调料：猪油1500克，豆沙馅心320克，鸡蛋1个（作粘合剂用）。

做法

1. 水油面、干油酥的制作方法参见【佛手酥】。

2. 将酥皮叠成三层，擀开成宽约8厘米、厚约0.2厘米的长方片，再用剪刀将其剪成直径约7厘米的圆形皮坯，或直接用铁吸制成圆形坯皮。

3. 中间放入约8克豆沙馅心，在坯皮四周涂上少许蛋液，将坯皮五等份向中间提起，成五角形包子形。

4. 在每条边上各剪两刀，刀深约为边阔的二分之一，厚约0.3厘米，将每条边的上面一条向两边中间作36度旋转，即成樱花酥生坯。

5. 将樱花酥生坯放入油温约为80℃的油锅内氽制，至酥层开发时再升高油温氽制成熟，捞起，中间放入半粒红樱桃即可。

特点 酥层清晰，形如盛开的海棠花，美观漂亮，吃口松、酥、香、甜。

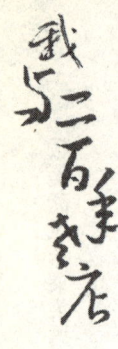

仙桃酥

原料

主料:面粉500克。配料:仙桃150克。调料:猪油25克,白糖100克,鸡蛋1个,水100克。

做法

1. 仙桃去皮,切成小薄片,加白糖拌匀成馅。

2. 250克面粉加125克猪油拌匀,擦成干油酥;剩余的面粉用50克猪油、100克凉水和成水油面团。

3. 用水油面包住干油酥,按扁擀成0.2厘米厚的长方形片,折叠成三层,再擀成长方形,卷起来切成10小段。

4. 将小段劈成两瓣,刀口向上按成圆皮,包上鲜桃馅,捏紧口按成直径5厘米的圆饼,刷上蛋液,摆入烤盘内,进炉烤熟呈金黄色即可。

特点 酥甜,有水果香味。

山东杠头

原料

主料:面粉1000克。调料:苏打粉5克,水适量。

做法

1. 将面粉、苏打粉放入盆中捣匀,加水适量(冬季用温水,夏季用凉水即可),根据面粉吃水量不同,水量略有区别。注意必须和成硬面团。

2. 将硬面团分成10份,揉成烧饼形状。

3. 将烧饼状面团移至案板边上,左手压面团,右手拿刀削面团上面靠边的地方,随左手面团转动,右手随削一圈,刀印呈螺旋状。

4. 将削好的杠头,即入烤箱,在温度220℃的烤箱里烤10~12分钟,取出即可。

特点 硬中带韧,口感香甜,面香味浓。

南瓜饼

原料

主料:南瓜600克,面粉300克。调料:白糖5克,食油适量,清水250克。

做法

1. 将南瓜去皮和籽,切成小块,放入锅内,加清水250克,将其煮烂。

2. 当南瓜冷却,加入白糖和面粉,搅成糊状。

3. 每次舀南瓜糊2克至3克,放入涂食油的平锅中煎熟,一个个煎完,装盘即成。

特点 色泽红艳,美味可口。

小麻团

原料

主料:糯米粉2750克,粳米粉1500克,面粉750克。配料:豆沙馅3000克,麻仁适量。调料:开水、油适量。

做法

1. 先把糯米粉、粳米粉混合均匀,加入适量开水揉匀成团,再将面粉打成熟芡与粉团一起揉透,然后搓成条,下成每50克2~3个的剂子,按扁包上豆沙馅,收紧口搓成圆形,滚上麻仁待炸。

2. 将油烧到五六成热时,放入麻团炸3~4分钟,外壳一硬即捞出,油锅离火,待油冷却至不烫手时,倒入炸好外壳的麻团,炸约10分钟,使麻团膨胀、内空,然后用急火炸约3~4分钟,外壳变挺,呈金黄色时出锅即可。

特点 香、甜、有劲,外形挺括,色泽美观。

豌豆黄

原料

主料：白豌豆 500 克。调料：白糖 350 克，碱 1 克。

做法

1. 将豌豆磨成碎豆瓣，去皮，用水洗净。将铝（铜）锅放火上，倒入 1500 克凉水用旺火煮沸，下入碱和碎豆瓣，再煮沸，然后用文火焖煮 2 小时。当豆瓣煮成稀粥状时，下入白糖搅匀，将锅端下。取一个瓷盆，上放铜丝网筛，将豆瓣酱倒入，且用板刮擦，使其成豆泥。

2. 把豆泥倒入铝锅里，在旺火上用木板不断地搅炒，勿使糊锅，炒至豆泥能堆起，即可起锅。

3. 将炒好的豆泥倒入白铁模子内摊平，用干净的白纸盖在上面，并保持清洁，放通风处晾 5～6 个小时，再放入冰箱凝结后取出，即成豌豆黄。食用时切成小方块即可。

特点　颜色浅黄，细腻纯净，香甜凉爽，入口即化。

芸豆卷

原料

主料：白芸豆 500 克。调料：白糖 250 克，糖桂花 5 克，芝麻仁 100 克，碱 1 克，明矾 0.5 克。

做法

1. 芸豆磨成碎豆瓣，簸去皮，放在盆内，用开水冲入后泡 6～12 小时，将未磨掉的豆皮泡涨。加入一些温水与盆里的冷开水调匀，两手将碎豆瓣搓一搓，搅拌几下，使存余豆皮浮起，并用勺撇掉，如此反复进行至豆皮去净。

2. 将豆瓣放锅内，加入碱和明矾，用旺火煮沸后，改用文火，煮至手捻豆瓣成粉，捞出用布包好，上笼蒸 15 分钟取出，仍用布包好，不使其变凉。

3. 取一个盆，上放铜丝网筛，将豆瓣倒入，用木板刮擦成泥。晾凉后放入冰箱保存，以防吸潮，用时取出倒在湿布上，隔布搓和成泥。

4. 将芝麻筛去杂质，炒熟，晾凉后碾碎，加入白糖拌匀。卷芸豆卷时，加入用 25 克糖水泡过的糖桂花。

5. 取 50 厘米见方的湿布一块，一半铺在案板上（最好是不锈钢案板或石板，因其平滑），一半垂下，将和好的芸豆泥取出 100 克搓成直径约 3 厘米的圆条，放在湿布中间（即接近案板边缘的地方）。用小刀先将芸豆泥条压成片状，再抹成约 0.3 厘米厚、20 厘米长、8 厘米宽的薄片。将四周不整齐的地方切去，铺上芝麻馅，将垂下的一半湿布撩起盖在馅上，垫着布把馅轻轻压实。

6. 卷时，左手将盖在馅上的布揭开，向前方拉紧，使豆泥片的后边沿略微抬起。右手四指顺着抬起豆沙片的边沿，隔着布向下压一压，使芸豆片的边沿成一个卷边。整个边压完后，左手放开拉着的布，仍盖在芸豆泥片上，双手将小卷边捏实，然后隔着布向前推卷，将一半的芸豆泥片卷成一个大卷边，捏实后，轻轻撤出卷进去的湿布。换一个方向，照上面的方法将另一半芸豆泥片边卷成一个大卷边，使两个大卷边并列在一起。再用布将朝里的大卷边提拉起来，压在外边的卷上，隔布轻轻一压使其微粘，并使卷慢慢地滚到案板上，切去两头不齐部分，再切成 2 厘米长的段即成。

特 点　外皮颜色雪白，横切面为云状的图案花纹，形象美观，质地细腻，馅料香甜，清爽适口。

炸酱面

原料

主料：面条 500 克，肥瘦肉 250 克。配料：葱花、姜米各 5 克。调料：酱油 75 克，盐少许，甜面酱 20 克，植物油 75 克，鲜汤 2 勺，花椒几粒。

做法

1. 将肉放砧墩上，用刀剁碎，同姜米、葱花放在一起。

2. 将锅放火上，添入植物油，油热时先将花椒炸一下，再将

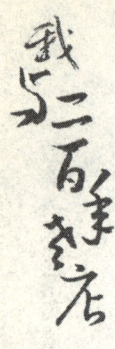

甜面酱用水和开，同肉一起下锅，加入酱油和盐，再加入鲜汤，煸炒；起锅盛出。

3.将锅放火上，添水适量，水沸将面条下锅，滚两个滚，将面条捞在四个碗内，将炸酱浇在面条上边，上桌食用。

特点 面条筋软，清鲜利口。

后 记

掩卷而思，本书已经酝酿了近两年的时间，今天终于和诸位见面了。致美斋老店，特别是位于白广路的此家店，就像吾子一样，十年前筹建时的场景还历历在目，日月不相待，转眼间本人经营致美斋（含粮食街店）已逾数载。老店的规模虽然不大，但令人欣慰的是它得到了新老顾客的广泛认可。顾客钟情于致美斋这口吃食，念想常有，图个舒心自在，很多熟人来店前也会跟我打个招呼，见到他们我喜悦满怀，偶尔也坐下来陪上一小盅，幸福感肆意荡漾。

需要指出的是，在成书过程中得到了诸位友人的鼎力相助。在此要特别感谢的是：提供了大量珍贵参考史料的北京市食品协会会长李士靖、北京市商业经济学会会长臧洪阁，参与专业顾问指导工作的《中国烹饪》杂志社主编孙春明，为该书取名并参与策划指导的《食品导报》主编于彬，为书中插图拍摄付出大量心血的摄影家金永春，在全书编撰中做出特别贡献的致美斋张志广大师等新老员工。在写作过程中本人多次受到前辈王文桥老师和专家张文彦、曾凤茹等同志的热心指导，在这里一并感谢。还有众多一直关怀致美斋发展的结交数十载的老友，承蒙协助，本书才得以顺利出版。

在编撰过程中也参考了一些文献资料：《美味烹饪秘诀食品大全》（民国11年）、《食谱》（1956年）、《大众菜谱》（1966年）、《中国菜谱》（北京，1975年）、《中国名菜谱》，《中华老字号》及《老字号》杂志等，在此特向资料的原作者表达诚挚的谢意！

多不叙谈。某虽不才，愿意以一个把毕生精力都付之的餐饮人，切身感受老店发展中的酸甜苦辣，与广大读者共享。

2011年10月